中国民间文艺之乡
系中国民间文化遗产抢救工程系列成果
广西融水
于2015年被中国民间文艺家协会命名为
中国百节民俗之乡

《中国民间文艺之乡》总编委会
　　总顾问：冯骥才
　　总主编：潘鲁生　邱运华
　　编委会委员：潘鲁生　邱运华　周燕屏　吕　军　侯仰军　徐岫鹃　刘德伟　孔宏图
　　　　　　　　尹　兴　姚莲瑞　周小丽　王东升　王素珍

《中国百节民俗之乡——广西融水》编辑委员会
　　主　编：王院忠　伊红梅　廖　维
　　编　辑：陆　征　何伯琦　欧阳永顺
　　撰　稿：廖　维　陆　征　何伯琦　欧阳永顺　吴顺军　贾世朝　曾建兴
　　　　　　蓝剑明　韦茂忠　石统彪　盘万庭　廖福团　覃昌明

中国
百节
民俗之乡
广西融水

主编

王院忠 伊红梅 廖 维

中国文联出版社
http://www.clapnet.cn

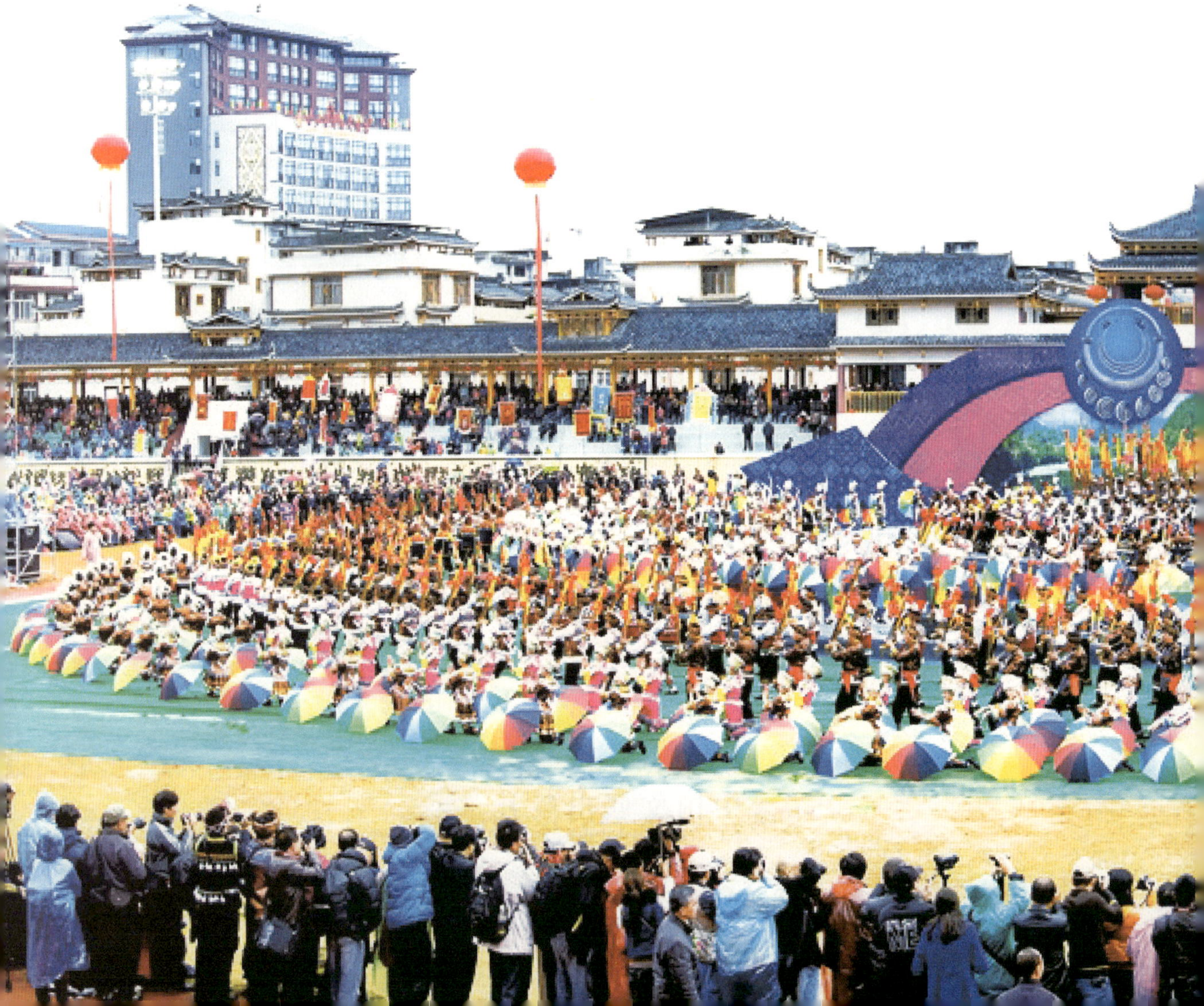

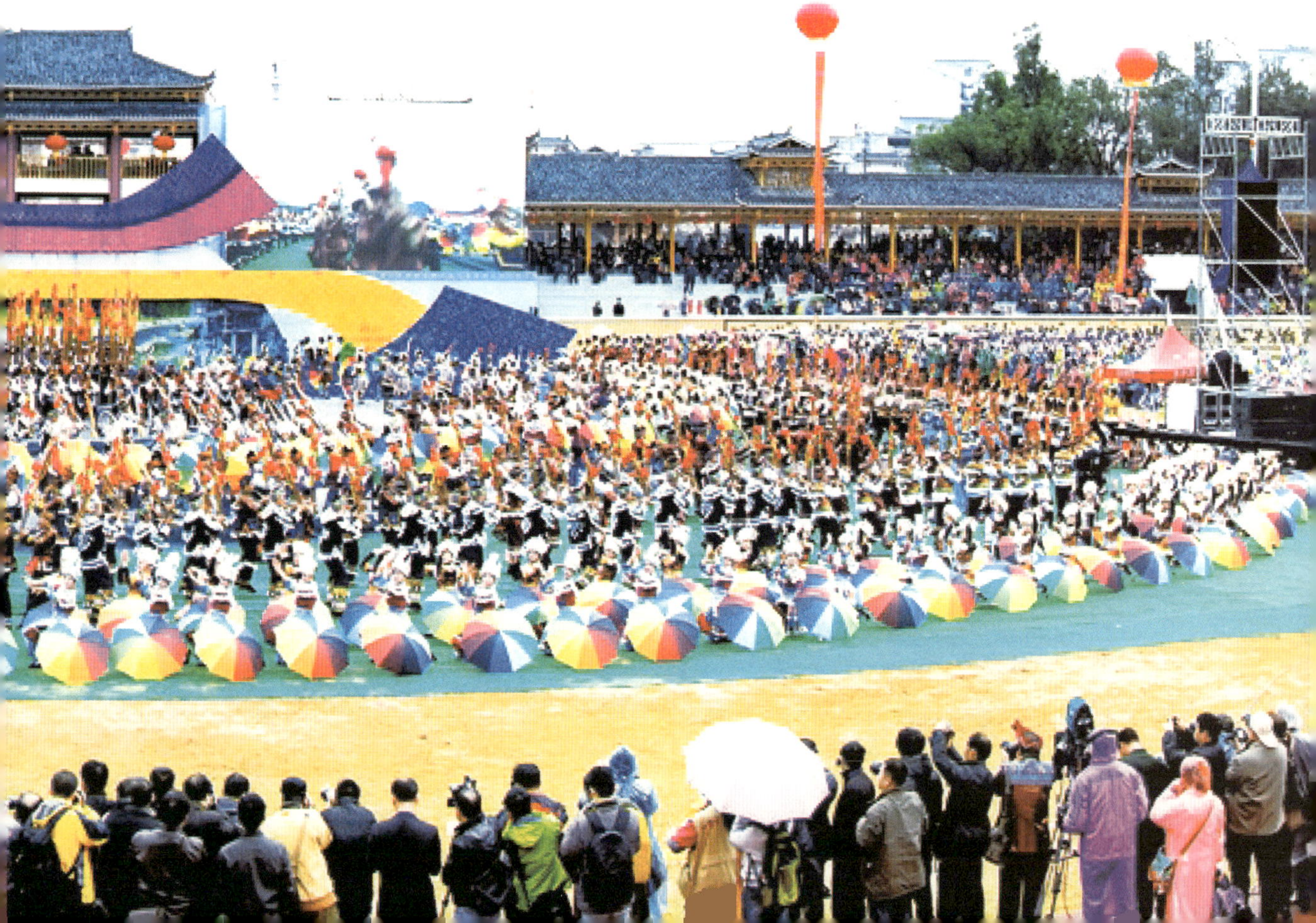

图书在版编目（CIP）数据

中国百节民俗之乡：广西融水 / 王院忠，伊红梅，廖维主编. — 北京：中国文联出版社，2020.12
ISBN 978-7-5190-4448-0

I.①中… II.①王… ②伊… ③廖… III.①少数民族风俗习惯－介绍－融水苗族自治县 IV.①K892.467.4

中国版本图书馆 CIP 数据核字(2021)第 002302 号

中国百节民俗之乡——广西融水

（Zhongguo Baijie Minsu Zhixiang—Guangxi Rongshui）

主　　编：王院忠　伊红梅　廖　维	
终 审 人：姚莲瑞	复审人：周小丽
责任编辑：王素珍	责任校对：潘传兵
封面设计：王熙元	责任印制：陈　晨

出版发行：中国文联出版社
地　　址：北京市朝阳区农展馆南里 10 号，100125
电　　话：010-85923037（咨询）85923000（编务）85923020（邮购）
传　　真：010-85923000（总编室），010-85923020（发行部）
网　　址：http://www.clapnet.cn　　http://www.claplus.cn
E – mail：clap@clapnet.cn　　wangsz@clapnet.cn
印　　刷：北京新华印刷有限公司
装　　订：北京新华印刷有限公司
本书如有破损、缺页、装订错误，请与本社联系调换

开　　本：787×1092	1/16
字　　数：260 千字	印 张：17
版　　次：2020 年 12 月第 1 版	印 次：2020 年 12 月第 1 次印刷
书　　号：ISBN 978-7-5190-4448-0	
定　　价：128.00 元	

版权所有　翻印必究

乡村重建与民间文艺之乡建设

潘鲁生

《中国民间文艺之乡》丛书是我国民间文化遗产抢救工程的重要组成部分，以中国民间文艺家协会命名的遍布全国的"中国民间文艺之乡"和"民间文化传承基地"为基础，忠实记录了我国各地各民族独特的民间文艺，较为形象立体地展示了这些地区的民间文化遗产全貌，以生态性、民间性、地域性为特色反映了我国传统民间文艺的发展态势。书的名称采用"文化之乡名称＋地名"，一乡一卷，各卷独立成册，如《中国天河七夕文化之乡——湖北郧西》《中国民间文艺麒麟之乡——广东樟木头》《中国扑灰年画之乡——山东高密》等，是对各文艺之乡普查性的书写，内容包括文艺之乡基本情况、民间文化遗产、民俗生活等方面的信息，所调查记录和编写的信息翔实而准确。作为中国民间文艺家协会主持的中国民间文化遗产抢救工程的成果之一，丛书是对中国民间文化的一次大规模、系统的、科学的梳理，将为中国丰富的民间文化建立完善翔实的档案资料，具有较高的学术研究价值和社会价值，也是文化工作者、专家、艺术家和普通读者了解中国传统民间文化艺术，了解地方乡土文化的必读书。

《中国民间文艺之乡》丛书的出版在中国民间文化研究领域尚属首次，具有重要意义。近百年来，我国社会历史发展进程中贯穿着对乡村命运的关切，"乡村社会向何处去？如何守护传承乡村文明？"是一个深刻的发展命题。从20世纪30年代的乡村建设思潮，到新世纪以来，中央连续多年以"一号文件"的形式出台政策，一直关注农村问题。近年来国家高度重视农村文化建设，进一步关注决定中国乡村命运的乡村地位问题，从中华民族历史与文化的高度强调乡村是中国文明之根。习近平总书记在2013年7月调研时强调："农村绝不能成为荒芜的农村、留守的农村、记忆中的故园。"2013年12月中央城镇化工作会议提出，中国城镇化要"让居民望得见山、看得见水、记得住乡愁"。在2015年1月指出："新农村建设一定要走符合农村实际的路子，遵循乡村自身发展规律，充分体现农村特点，注意乡土味道，保留乡村风貌，留得住青山绿水，记得住乡愁。"2015年中央一号文件明确提出"传承乡村文明"，在新农村建设中要"创新乡贤文化，弘扬善行义举，以乡情乡愁为纽带吸引和凝聚各方人士支持家乡建设，传承乡村文明"。可以说，乡村是中国五千年文明传承之载体，是中国文化传承与发展之根，乡村文明是中华文明的基础。在经济发展、实现温饱的背景下，中华民族的精神追求与文化传承越来越重要。追本溯源，源头在乡村。乡村是中国人的精神归属、记得住乡愁的家园。中国民间文艺之乡的发展基础在乡村、在社区、在基层，是对民族精神文化家园的守护。

一、增强乡村文化自信

一段时期以来，我们的乡村文明、乡土文化存在不同程度的断裂和瓦解，包括传统村落、民俗民艺、民间传承人等文化资源急剧流失，乡土文化的凝聚力不断减弱，乡村"空心化"问题较为严峻。社会发展需要共有的历史记忆、情感维系、文化寄托和凝聚，无论是城市还是乡村，即使物质上富有，如果精神上匮乏，仍然难以为继。从这个意义上说，重建乡村是一个精神文化工程，重建的是民众心灵的故乡。开展乡村重建，发展民间文艺之乡，也在于从更深层次上续存包括乡愁记忆、民间信仰、礼仪习俗、道德追求在内的精神纽带，增进人文关怀，提升我们民族民间文化复兴发展的内在动力。

我们要充分认识乡村文明的当代价值，增强乡村文化自信，保护好民间文艺传承发展的生态基础。要从全局意义上认识民间文艺之乡建设，在民间文化传承发展的源流与变迁、新型城镇化的必经历史进程、乡村重建与乡土文化生态以及特色文化对地方发展的驱动效应等更加宏观和综合的层面，为民间文艺之乡建设厘清脉络、找准定位。要从最基层、最具体的工作层面，共同研究和分析具体的民间文艺样态在传承保护与发展过程中面临哪些困境和难题，有哪些行之有效的办法，以及怎样把我们的保护和发展理念落实为最具体的措施。要围绕乡村重建，加强民间文艺之乡的认定、建设与发展，要加强地区乡土教育，发掘地方民间文艺特色，编纂民间文艺的"乡土教材"，推进民间文艺进课堂，开展"民间文艺进校园"活动，加强民间文艺知识普及、民间文艺情感培养，增强乡土文化的自觉和自信。

二、激发民间文艺活力

发展民间文艺之乡，还要扎实做好民间文艺的保护与传承，积极创造条件，激发传统民间文艺活力。民间文艺不同于精英文艺，它来自生活，依托于生活，是生活的艺术。伴随我国社会转型和产业重点转移、人口城市化流动、生活方式和价值观变化，传统民间文艺的生活基础在发生改变。比如当传统民艺的集体基础相对弱化时，民间文艺创造的万千生活主体会不同程度地演变为传承坚守的艺人个体，原有的广泛蓬勃的文化基础和即时更新的创造力和感染力等相应受到影响。民间文艺之乡建设因此担负着民间文艺振兴的使命，不能局限于民艺样态本身，要关注民众的日常生活，关注民间文艺最广泛的参与者，关注民间文艺的多元载体，在老百姓"过日子"的过程中实现传承、创造与发展，使民间文艺作为一种情感的、审美的纽带，在礼仪互动、经济往来和节日欢歌中得到维系和传承。

激发民间文艺活力，不仅要保护和扶持相对少数的创作主体和传承人，做好重点保护和示范传习，还要进一步关注广大的接受群体和民间文艺的受众，做好普及宣传和推广，扩大队伍，增进认同。不仅要关注民间文艺本身，还要着力培育载体、厚植土壤，包括年节习俗、人生礼仪等时间载体，以及相关的传统村落、传统民居、庙宇宗祠等文化空间载体，还有与民间文艺发展水乳交融的歌墟集市、手艺劳作、乡戏娱乐等活动事项。比如要充分认识传统生活中节气以及与岁律相合的传统节日作为民间口头文学、民间戏曲、民间歌舞、民间美术、民间工艺等生成土壤的重要意义，进一步还原和培育传统节日里丰富的民间文艺内容，在当下生活空间中进一步充实民间文艺活动。比如有计划地恢复和培育优秀民间礼仪，增强传统文化认同与情感维系，培育民间文艺应用的文化空间，以及深刻认识民间文艺与传统村落、居民、生活的依存关系，推动传统村落保护，促进恢复传统民居营建等，保护民间文艺的丰富性，等等。要着力推动地方特色文艺在农村和城乡社区扎根，开展传习、展演等群众文化活动，并针对不同群体和地方民间文艺样式因地制宜实施传承计划，使普通民众成为传统民间文艺传承的重要基础，使民间文艺成为社会、社区和民众自然、和谐、稳定、有序、良好互动的重要纽带，增强文化认同与凝聚。同时，积极吸收群众创作成果，培育民间文艺繁荣的基础。总之，要扎根生活去研究，关心农村和社区群众，让民间文艺的发展充满生机活力。

三、创新民间文艺发展路径

建设和发展民间文艺之乡，要着力推动民间文艺的创造性转化与创新性发展，积极探索当代生活需求相适应的多元发展路径。1996年，在山东烟台召开的"当代社会变革中的传统工艺之路"研讨会上，发布了《保护传统工艺　发展手工文化》的倡议书，提出"中国手工文化及产业的理想状态应是：一部分继续以传统方式为人民提供生活用品，是大工业生产的补充和补偿；一部分作为文化遗产保存下来，成为认识历史的凭借；一部分蜕变为审美对象，成为精神产品；一部分则接受了现代生产工艺的改造成为依然保持着传统文化的温馨的产品。同时，还要建立适应现代生活的新手工文化"。也是在这期间，1997年我们提出启动民间文化生态保护计划，开展乡村调研采风，出版了《民间文化生态调查》丛书。当前，我们仍然要以科学、客观的态度把握相关民间文化的保护与发展问题。不仅要做源头保护，也要做终端利用；不仅要保护艺人等创造主体，也要激活更广泛的受众认同；要加强民间文艺的原生态、衍生态认定，促进民间文艺多元发展。

民间文艺之乡建设尤其要关注以下几个层面：一是对于具有鲜明民族历史文化特色但处于濒危困境的传统民间文艺的传承与活化，要加强文化生态基础研究，制定保护与传承措施，从丰富中华传统民艺存量、续存民艺母本、保持民艺多样性的意义上，促进濒危传统民艺的活化与发展。二是对于与传统民间习俗、民间信仰和新时期的社会主义核心价值观一脉相承、有助于加深民族文化认同、增进民间文化凝聚、有助于丰富人民群众文化生活的传统民间文艺，要从文化建设意义上加以倡导和扶持发展，丰富乡村文化生活，增强民间文化创造力，延续匠心文脉。三是对于发展基础较好、具有较好的传承与生产基础，并有望拓宽发展空间的传统民艺，要进一步丰富题材和品种，提升设计与转化水平，培育知名品牌，提高传统工艺等行业管理水平和市场竞争力，提高从业者收入，提高对城乡创业就业的促进作用，促进传统工艺在当代生活中的广泛应用。不仅要做好"传统工艺振兴"的大课题，同时也要关注移动互联网和大数据为核心的现代数字信息技术的迅猛发展，"移动互联网+社交+大数据"以全新的支撑平台和传播渠道重建大众日常生活方式，重构文化的多元化发展格局，"互联网+"打通了生产价值链和消费价值链，成为相关文化创意产业发展的内生动力。民间文艺要与内容产业有效对接，民间工艺等要关注文化创意产业发展，在适应当代生活中寻求新的发展生机。

总之，乡村重建与民间文艺之乡发展是历史潮流中的自觉之举，是对民间文化使命的担当。我们要以更宽广的文化视野、更坚定的文化自信、更包容开放的胸襟投入到这项事业中来，共同守护民族的文化乡土，用民间文艺的纽带增进认同、涵养心灵，实现民族文化创造力的复兴。

在《中国民间文艺之乡》丛书付梓之际，是以记之。

丁酉小满，于泉城

目 录 >>>

前言 … 001

第一章　坡会 … 001
　　第一节　坡会综述 … 002
　　第二节　坡会系列 … 013
　　　　一、整英坡会 … 013
　　　　二、嘎直坡会 … 021
　　　　三、平卯坡会 … 024
　　　　四、沛松坡会 … 028
　　　　五、拱洞坡会 … 032
　　　　六、能邦坡会 … 035
　　　　七、乌勇芒篙坡会 … 040
　　　　八、整依直坡会 … 043
　　　　九、整堆坡会 … 047
　　　　十、杆洞百鸟衣坡会 … 051
　　　　十一、整欧坡会 … 061
　　　　十二、更喔坡会 … 067
　　　　十三、古龙坡会 … 072
　　　　十四、安陲芒篙坡会 … 078

第二章　节庆 … 089
　　第一节　节庆综述 … 090
　　第二节　重要节庆 … 096
　　　　一、芦笙斗马节 … 096
　　　　二、芦笙同年节 … 120
　　　　三、金秋烧鱼季 … 130
　　　　四、苗年 … 136
　　　　五、春社 … 143

　　　　六、新禾节　　　　　　　　　　　　　　147
　　　　七、二月二花炮节　　　　　　　　　　149
　　　　八、廿四花炮节　　　　　　　　　　　157
　　　　九、三月三歌节　　　　　　　　　　　162
　　　　十、朋芘节　　　　　　　　　　　　　165
　　　　十一、闹鱼节　　　　　　　　　　　　170
　　　　十二、拉鼓节　　　　　　　　　　　　177
　　　　十三、盘王节　　　　　　　　　　　　183
　　　　十四、龙舟节　　　　　　　　　　　　192
　　　　十五、黑饭节　　　　　　　　　　　　197
　　　　十六、依植、南修芦笙会　　　　　　　201
　　　　十七、龙狮节　　　　　　　　　　　　205
　　　　十八、热伴节　　　　　　　　　　　　208
　　　　十九、砍旗节　　　　　　　　　　　　212
　　　　二十、多耶节　　　　　　　　　　　　217
　　　　二十一、糍粑节　　　　　　　　　　　221
　　　　二十二、土拐山歌节　　　　　　　　　224
　　　　二十三、鸭变节　　　　　　　　　　　228

第三章　庙会　　　　　　　　　　　　　　　233
　　第一节　庙会综述　　　　　　　　　　　　234
　　第二节　主要庙会　　　　　　　　　　　　235
　　　　一、土地庙会　　　　　　　　　　　　235
　　　　二、妈祖庙会　　　　　　　　　　　　236
　　　　三、南屏庙会　　　　　　　　　　　　237
　　　　四、观音庙会　　　　　　　　　　　　238
　　　　五、古顶仙公庙会　　　　　　　　　　239
　　　　六、永乐庙会　　　　　　　　　　　　240
　　　　七、和睦独楼庙会　　　　　　　　　　241
　　　　八、三防壮族庙会　　　　　　　　　　242
　　　　九、汪洞廖合、新合庙会　　　　　　　243
　　　　十、双河庙会　　　　　　　　　　　　243
　　　　十一、良寨彩路庙会　　　　　　　　　248
　　　　十二、雷王庙会　　　　　　　　　　　248

后　记　　　　　　　　　　　　　　　　　　252

前　言

王院忠

　　融水，俗称大苗山，位于广西北部，云贵高原的东南端，山地地形占全县总面积的85.5%，其中元宝山海拔2086米，为广西第三高峰。全县总面积4638平方公里。境内溪河交错，横贯全县的主要河流有贝江河及融江。这里属中亚热带季风气候，气候温和雨量充沛，年平均气温为摄氏18度，主要盛产杉木、毛竹、甘蔗、茶叶、糯米柚、药材。传统的土特产品香菇、香猪、香鸭、茶油、酸肉、酸鱼等。融水山水秀丽，生态环境优美，境内有元宝山国家森林公园和九万山国家级自然保护区，森林覆盖率达81%，素有"杉木王国""毛竹之乡"之称。

　　融水苗族自治县成立于1952年11月26日，辖7个镇、13个乡（含2个民族乡）、198个行政村、8个居委会，县人民政府驻融水镇。境内居住有苗、瑶、侗、壮、汉等民族。融水民族风情浓厚、民俗节庆文化丰富多彩。2006年，融水苗族系列坡会群被列入第一批国家级非物质文化遗产名录，2013年，自治县被文化部定为国家级138个春节文化特色地区之一，同年，苗族文化（融水）生态保护区被列为自治区级文化生态保护区。2010年、2013年、2015年分别获中国民间文艺家协会授予"中国芦笙斗马文化之乡""中国最具民族特色节庆""中国百节民俗之乡"荣誉称号。

融水历史源远流长，春秋战国属百越地，汉至南北朝刘宋时期为潭中县。南齐建元三年（481年）置齐熙县，兼置齐熙郡。南梁大同元年（535年）设东宁州，隋改齐熙县为义熙县，改东宁州为融州，州、郡、县治地均在今融水镇。唐武德六年（623年）改义熙县为融水县，五代十国沿袭。北宋崇宁初置清远军节度。大观元年置黔南路，帅府设于融水。元设融州路，后复为融州。明洪武十年，降融州为融县，一直沿袭下来。1952年撤销融县建制，成立大苗山苗族自治区（县级），1965年改称融水苗族自治县。

生息繁衍于今融水境内的苗、汉、壮、侗、瑶、水等民族，为县内早期定居者，"惟自宋置清远军而后，民族之来自湖南、湖北、广东、江西、福建者益众"。（民国《融县志》）可见远在宋代，各族先民向融水地区的迁徙就已日趋频繁了。融水苗族作为苗族大家庭中的一员，传说，其祖先亦是蚩尤为首的"九黎"部落联盟成员。据民国《融县志》记载以及苗族民间传说、故事古歌等资料，"而苗岭、武陵、大娄、乌蒙、南山及云岭东南山区，既是苗族祖居之地，又是北面、东西苗胞所迁入之地；至今，仍是现代苗族的定居之地""苗岭地区主要包括……广西壮族自治区柳州市融水苗族自治县……"，可知苗族是融水山区早期定居者之一。融水苗族大约在宋代陆续从湘西和黔东的"五溪"地区迁入融水境内，主要从3个方向迁入：一支从湘西进入广西东北部，沿都柳江上到贵州省的从江、榕江等地，而后南迁到杆洞、洞头……等乡；一支由湖南进入贵州……流迁到县境元宝山西面和南面的贝江河流域；一支从湖南进入广西到融水，沿贝江进入山区。

在历史的长河中，融水苗族人民与侗、壮、瑶、汉等各族人民在这片土地上，一道生产生活，相互融合，团结和谐。融水传统节庆共有138个，它们分布地域广泛、时间连缀、规模各异、内容多姿多彩，民族特色鲜明。"四季皆聚庆，无月不过节。坡连坡，节连节"的俗谚就是对融水百节的真实写照。从形式上大致上分为两大类型：一是以元宝山为轴心，向安太、香粉、滚贝、同练、白云、拱洞等乡镇辐射的民俗文化生态圈。包括农历正月初三至十七举行的苗族系列坡会群，其中典型代表有安太十三坡、香粉十六古龙坡、安陲十七坡等。由各民族定期举行的一百多个传统节庆活动，典型代表有苗族芦笙斗马节、拉鼓节、苗年、瑶族盘王节、苗族春社节、壮族三月三歌节、良双苗族闹鱼节、花炮节、融水镇龙舟节、永乐土拐山歌节等。二是丘陵地域以汉族为主的各种传统庙会。典型代表有土地庙会、观音庙会、仙公庙会、彩路庙会、永乐庙会等。

融水传统节庆文化基本沿袭了中华民族节庆文化传统，并创造了不少具有地方特色的习俗事项，它是历代融水各族人民生产生活娱乐的缩影。如百鸟衣、亮布衣、银冠、银排等服饰，芦笙踩堂、芦笙打同年、芒篙、磨个等活动，石头鱼、酸肉、喊酒等饮食习俗。融水百节民俗日久经沧桑，凝聚着历代各族人民的智慧和情感，以群众喜闻乐见的形式传延不衰，以丰富多彩的民俗文化令子孙世代陶醉和向往，以约定俗成的民间礼仪陶冶和锤炼着民族的品格和个性，以欢乐祥和的氛围弘扬民族的美德和精神。其传承民族血脉、提升民族精神的价值，强化民族文化记忆、心理认同的价值，维系民族团结、社会和谐、家庭和睦的价值，激发与释放情感、协调人与自然关系的价值，是其他文化形式所难以替代的。

长期以来，历届融水县委、县人民县政府都把传承和发展融水民族节庆列入重要议事日程，不断加强民族文化建设。截至2018年已经连续举办了18届"中国·融水苗族芦笙斗马节"。期间，分别邀请云南屏边、贵州松桃、湖南麻阳、城步4个苗族自治县同胞和缅甸、印尼、越南等东盟国家少数民族青年学生来融水进行打同年活动，提升了融水节庆活动在外部的影响力。利用节庆平台，举办中国苗族文化论坛、民族美食、农副产品展销及项目投资推介会等活动；融水创建自治区级社会文化先进县工作于2012年通过自治区考评。融水先后实施文化"六个一"工程（即一组文化公益大型广告牌、一本书、一本摄影册、一组歌、一台精品节目、一个画展）和民族文化"十大"工程（即民族歌曲创作、民族舞蹈创作、民族坡节文化、民族服饰、民族建筑建设与保护、民族美食文化、民族风情文化、风光文化推介，融水民间艺人培养、奇闻趣事文化收集）；融水浩瀚如烟的各民族口头文学，脍炙人口的民歌，多姿多彩的苗族芦笙舞，精美的刺绣、苗锦、蜡染，银饰工艺品，浓郁的风情等为文艺创作提供了创作源泉。加强节庆传承队伍建设。全县现有国家级非遗代表性项目名录1项、自治区级24项、市级59项、县级95项。有国家级非遗代表性传承人1人、自治区级21人、市级28人、县级70人。建立民族节庆传承点20个，全县有芦笙表演队451支。融水青少年活动中心设立民族刺绣、民族舞蹈、苗族传统织布、民族手工艺制作室，开展民族刺绣、芦笙吹奏与表演、芦笙踩堂舞、民族手工艺制作等非物质文化遗产项目传承培训。坡节文化研究出成果，先后出版《融水芦笙》《南方山居少数民族》《苗族古理古规——依直》《融水苗族》《广西融水苗族民间芦笙曲集》《融水苗族风情与传说》《中国民间文学广西卷·融水县三套集成》《苗族风情》《融水苗族自治县非物质文化遗产普查资料集》《融水风物》《融水苗学研究文集选编》等书籍。

  百节民俗文化为融水的旅游发展注入活力。全县有贝江景区、龙女沟景区、民族体育公园3家国家4A级景区，老子山景区、田头苗寨景区、雨卜苗寨景区、石上人家景区、龙宝大峡谷景区、田塘瑶寨景区6家国家3A级景区；有全国农业旅游示范点1个、柳州市"十大美丽乡村"15个。目前，柳州市正在大力打造元宝山旅游风景区，使之成为广西乃至全国的旅游目的地。

  保护传承和弘扬民族传统优秀文化、增强文化自信，是新时期党对文化建设的要求。《中国百节民俗之乡——广西融水》一书，从节庆文化活动这个侧面体现了民族传统文化的多彩和厚重。相信该书的出版和发行，必将使读者对融水百节民俗节庆文化源流有一个较为全面的了解和认识，对于挖掘、传承、研究、发展节庆文化具有借鉴作用。

巍巍元宝山，悠悠贝江长，当人们踏上广西融水这片热土时，感触到它既是历史和自然的回归，更是活力四射和憧景美好未来的涌动！

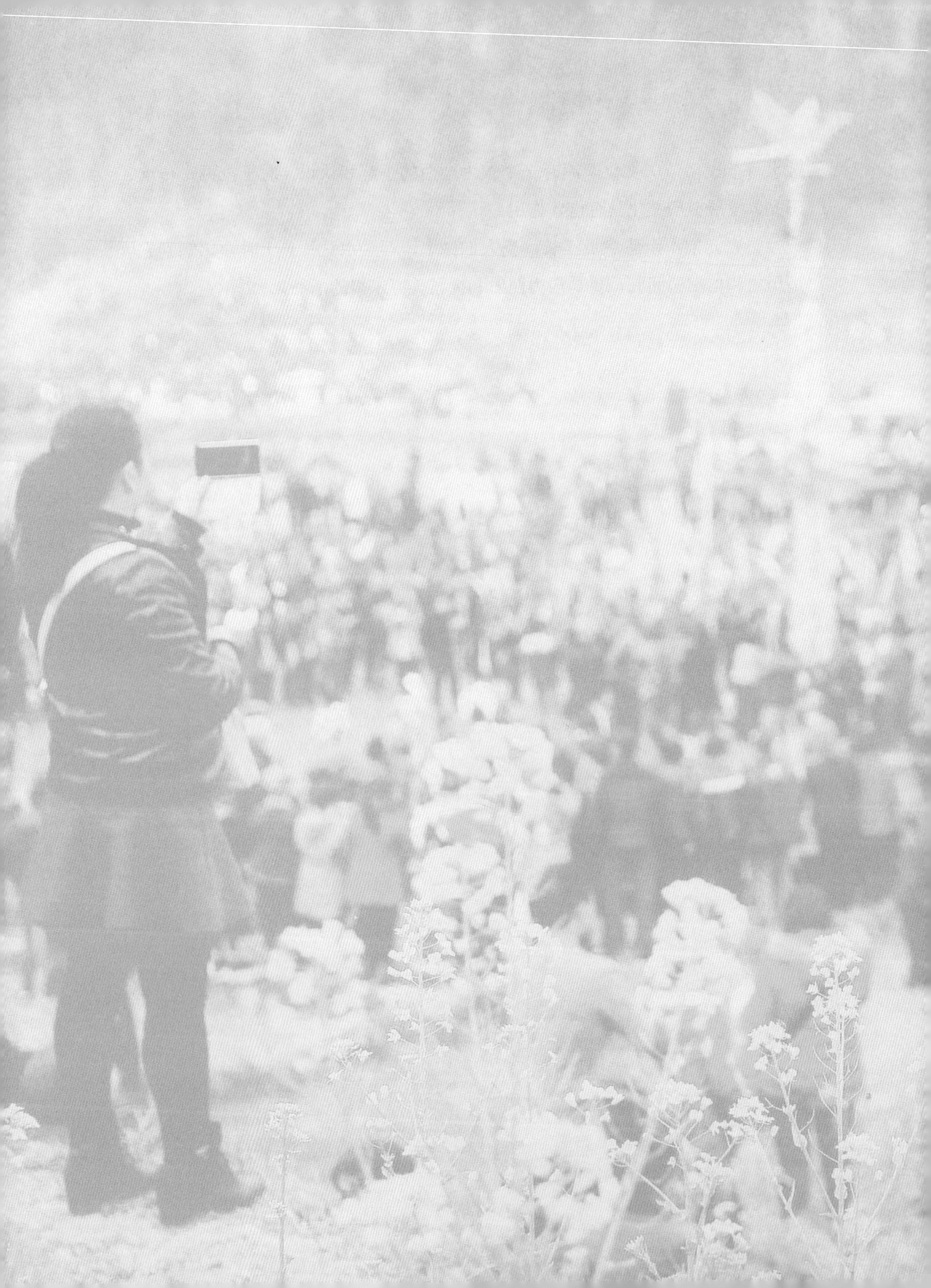

第一章 「坡会」

融水苗族坡会是山区群众的重大节日，是当地的狂欢节，其中苗族系列坡会是持续时间最长、覆盖面最广、参与人数最多、活动内容最丰富的的最具代表性的坡会。它是融水境内以苗族为主体的各族群众，在正月初三至十七期间，为悼念先烈、禳灾祈福、鼓舞斗志、集体娱乐而连缀举行的民族传统节日。它展现了该地域各族群众的民风习俗、文化特点及宗教信仰，独具民族特色和地方色彩。

第一节 坡会综述

坡会，是融水境内以苗族为主的各族群众悼念先烈、禳灾祈福、鼓舞斗志、庆贺丰收、交流情感、集体聚会娱乐的民间传统节日。融水苗族系列坡会群，是指从春节正月初三至十七这段时间内，融水各地按时间排序继发的一个坡会群，从而形成一个系列化的独特文化空间。它是苗族人民在漫长的历史长河中，随着社会经济的发展而产生的。这些坡会规模大的有三四万人，小的也有四五千人。它集中反映了这个地域各民族的生活习俗、文化特点和宗教信仰，具有浓厚的民族特色和地方色彩，成为增进各民族团结、弘扬传统文化、构建和谐社会的平台。

2006年5月20日，国务院"国发〔2006〕18号文件"，正式把苗族系列坡会群列入首批国家级非物质文化遗产代表作名录，加以保护。

（一）坡会的成因和条件

时间相对固定。融水地区苗族民间有个风俗，正月初一不出门，初二不出村。初一是不允许吹芦笙的。初二，人们开始吹芦笙，但活动范围仅限于本村寨。初三至十七，则是集体娱乐活动的时间。从初三开始，各村寨的男女老少便举家出动，四处赶坡，乐此不疲。而正月十七之后，进入生产阶段，人们要把主要精力投入生产劳动。从正月十八开始，各村寨的芦笙都被集中保管起来，各种集体娱乐活动也相应减少，直至农历六月初六新禾节以后才逐渐恢复。这种风俗，决定了融水春季坡会活动只能集中在正月初三至十七这段时间举行。也正是由于当地苗族所特有的生产生活习俗，使得这些坡会如同被一条无形的链条给串联了起来。这是融水苗族系列坡会群形成的基础。

规模逐渐扩大。最初的坡会，往往是一个村屯的某个家族的族长发起举办的。因而坡会活动范围窄小，参与的大多是本家族或本村屯的村民。这些坡会分布在各乡镇村屯，有的规模大一些，有的小一些；坡会之间有的相距近一些，有的远一些，有时一天会有几个坡会同时举行。现存的融水苗族各个坡会，大多规模较大，都在万人以上，这是"优胜劣汰"自然法则的结果。苗族，是一个群体意识很强的民族。人们崇尚集体活动，喜欢聚会娱乐，这都集中体现到对坡会的"赶"上。随着历史的发展，社会的进步，人们对坡会的要求提高了，群众在众多的坡会中都选择那些场地宽敞、规模较大、社交面较广、交通更加便利的坡会去"赶"。各个村寨的芦笙队也相邀赶这些坡会，在此吹赛芦笙，比试高下，特别是年轻人，他们渴望在更大范围内进行更加广泛的交流，通过赶坡结识更多异性朋友，并从中挑选到自己心爱的对象。于是，一些家族举办的坡会因财力、人力、物力不足而自动放弃了。有的将几个小型的坡会合并成一个较大型坡会，各村屯联合起来轮流主办。而那些规模小的坡会，往往由于交通不方便，或因管理不善、未能处理好与外来赶坡群众关系导致赶坡人少而逐渐被淘汰、消亡。

内容不断丰富。融水苗族系列坡会群的活动内容丰富多彩，这是其存在和发展的又一个重要因素。各个坡会既有传统祭祀仪式，又有比赛娱乐项目，其中以吹芦笙踩堂为主，同时还有斗马、赛马、芒蒿等多种活动。在这些系列坡会群活动中，有的显现出普遍意义上的形式，有的则除了普遍意义之外还有自己坡会独到的活动内容。如整英坡会入场仪式很特别，由寨老鸣锣开道（意为驱散鬼邪），随后是一名身强力壮的男青年撑"万民伞"领路（万民伞用铁丝、竹子扎成框架，用五色绸布缝制，共分三层），另一寨老撑一把用自家织成的白手巾扎好的油纸伞跟后（苗语叫"务呆"，意为保佑本寨民众平安的"寨神公""寨神婆"），然后各寨队伍进场绕三圈，放铁炮、鸟枪，燃鞭炮，便开始坡会活动。安陲乌勇芒蒿坡会的芒蒿活动独具特色。"芒蒿"是苗语音的汉译，"芒"指面具，"蒿"泛指神灵。芒蒿活动除了表现驱邪祈福的一般意义外，还具有生殖崇拜的意义。杆洞乡"百鸟衣"坡会也因其鲜明的"百鸟衣"的独特内容，吸引了贵州等地的芦笙队和群众参加。最多达65堂芦笙，数万人来赶坡。

坡会活动还显现出明显的层次性。芦笙柱旁，芦笙震天，踩堂欢舞，热闹非凡，这是青年男女展示风采的舞台；田垌里，河滩上，斗马斗牛激烈，紧张刺激，那是男人们的竞技场；林荫下，老人们三五成群，或吹苗笛，或唱山歌，或谈天叙旧；孩子们则穿梭在坡会的各个角落，尽情领略坡会的无穷魅力。不断丰富的活动内容满足了不同层次人群的需要，成为人们共同享受欢乐的盛大节日。白天各项活动结束后，远道而来的客人们纷纷被坡会当地的村民邀请到各家做客过夜，主家热情款待。夜幕降临，晚上的活动内容也多姿多彩。寨中的戏台上，精彩的文艺演出让寨里寨外的人们大饱眼福。山坡上，青年男女相邀结伴，对唱情歌。寨里姑娘家的火塘边，坐满了外村前来"走妹"的后生。主家打起油茶，盛情接待。青年们悄悄地唱起情歌，夜深时，其他的人便自动离去，留下那位姑娘看中的后生继续与姑娘唱歌谈情。第二天，客人离去。而在坡会中结下情谊的村寨，互相邀请，请对方全村寨的人选择合适的时机前来串寨交流。

融水苗族系列坡会群就是这样一个独特的文化空间。它给当地群众带来的不仅仅是一个聚会活动的场所，更是让人们在赶坡中实现展示才华、谈情说爱、交友叙旧、传递信息、交流技术、交易商贸等不同的愿望，它展现的是这个地区以苗族为主的各族人民的生产生活特征、风俗习惯、民族信仰和审美情趣，它凝聚了民族的共同情感，增强了民族文化认同感、凝聚力和向心力，具有极其重要的历史文化价值和现实意义。

（二）坡会特征

序列连续性

如果仅仅是一个单一的坡会，那么在各苗族聚居地都有存在。融水坡会的意义和价值在于它形成了一个相对完整的坡会链，正是这样一个链条，可以显示出当地民族传统的厚重、民风的纯朴，有着较强的凝聚力和向心力，团结融洽，增强了对本民族文化的认同感；正是这样一种连续性，给当地的青年男女创造了更多的自由交往的机会，在"赶"坡范围的扩大过程中，也使得青年男女们自由交往的"面"得到扩展，各个层次、各个年龄段的成年人中，有许多人的初恋是由坡会开始，并走向婚姻殿堂的。如此，使得大家对坡会不但有文化的认同，而且充满着向往和期盼。

苗族系列坡会群都是在春耕之前进行，这种时间上相对集中的情况，为坡会的连续性创造了很好的条件。一位老者在古龙坡会上用苗歌唱道："去年我

们来了,今年我们来了,回去就要开始生产了,明年我们再来。"老者如此,作为年轻人则是要在这连续性的坡会中持续地"赶",许多是为了找到自己的心上人,以坡会作为追求自己幸福一生的平台。

寨老带队同步进芦笙堂(廖维 摄)

仪式完整性

每一处坡会在开始之前,均要举行一个仪式,以示对各路神灵的敬重。最典型的是拱洞"雅劳"坡会的进场仪式和活动程序。

坡会开始时,芦笙队要举行绕行芦笙坪仪式。绕场过程中,主办村寨的寨老要拿香纸到芦笙坪中央焚烧(场地中央事先种上一棵3米高的木桩),口念理词:

(汉译)

今天太阳亮丽夜吉祥,

坡会到年关过,

一帮阿爸阿妈,

带一群姑娘后生,

进芦笙堂到芦笙坪,

踩堂给竖岩看,

踩圆圈给阿爸阿妈见,

中国民间文艺之乡

> 这下旧的一年过，新的一年来，
> 做工粮食有余，做生意有钱赚，
> 天下众人健康富裕。

绕完三圈后，主寨寨老拿着芭芒草到场地中央围着禾木树桩插好，主寨的芦笙队围着树桩吹奏三曲，其他芦笙队进入指定位置开始吹芦笙踩堂。每个芦笙队先吹三曲合调，然后踩堂，接着再吹三曲，最后是芦笙比赛。比赛结束后，按照进场顺序又绕场三圈，坡会才散场。晚上，主寨热情招待客人，饭后人们纷纷串寨，青年们还进行对歌、走妹等。

群众自发性

任何一种民俗，都是制度下的产物。只不过有些制度是显性的，有些制度是隐性的，所谓约定俗成者，其实就是制度的另外一种存在方式。我们所说的

芦笙比赛（廖维　摄）

群众的自发性，并不是说没有经过组织，而是指群众遵循祖先的风俗，将所有的隐性制度进行延续，没有过多的政府行政参与的行为。融水所有的坡会均由当地德高望重之人出面组织，当地群众将坡会视为本民族文化象征而踊跃捐款捐物，积极参加。是日，群众均穿着节日的盛装，举家、举寨出行，在蜿蜒的山路上热热闹闹向坡会的中心地点汇聚。在坡会现场，老人们怡然自得站在四周高处观看表演，品头论足各队技艺；小孩子们穿着五颜六色盛装，兴致勃勃地相互嬉闹；男女青年则吹芦笙跳踩堂，尽情展示他们的技艺和风采。

参与广泛性

苗族、侗族等少数民族聚居的村村寨寨都举办坡会。参加坡会的群众范围广。有主办村寨的群众，有邻近乡镇的群众，有时邻近省市的芦笙队和群众参加，如贵州从江县的群众每年都参加杆洞百鸟衣坡会。参加坡会的群众人数众多。安陲芒篙坡会、香粉古龙坡会、安太十三坡会等坡会期间，参加坡会的人多达数万，参加坡会活动的芦笙队都有三四十堂以上。当几十堂芦笙同时吹奏时，声响云天，撼山震岳，整个坡场人山人海，场面壮观。

内涵丰富性

坡会承载着当地苗族最为深厚的民族文化，是当地苗族文化最为集中的显现，因而显示出极大的丰富性。在坡会上，既有祭祀天地、神灵、祖先的崇拜之礼，又有禳灾祈福之愿；既有男女言情之欢，又有老者叙旧之谊，甚至可以说，坡会在某种意义上讲就是苗族的"情人节"；由于大家都对这个节日有着不同的期盼，都会把自己最为美好的一面展示给世人，节日的民族盛装自然是不可或缺的；孩童们也从节日气氛的熏陶中朦胧地感受着民族文化的滋养。游戏、竞技的内容也是一道亮丽的风景，各个坡会都有斗马活动，这是年轻人最为喜欢的。至于生产、生活物资、科技信息的交流也都是坡会的重要内容，因此说，坡会的内涵是极为丰富的。

各个坡会虽然有着许多共性的元素，形成一个链条，但在发展演化的过程中，在基本程序相同的大前提下，又各具自己的特色。诸如芦笙队，当地人远远就能够凭笙音分辨出这是哪一个村寨的；除有相同的活动节目内容如吹芦笙之外，各个坡会也会有一些自己独特的项目，如杆洞坡会的"百鸟衣"、大年坡会的"万民伞"、安陲坡会的"芒篙"、安太"整堆"坡会的斗马等等。

文化生态原生性

坡会是当地民族文化千百年积淀所形成的,其所具有的民间信仰、春祈秋报的完整仪式观念,以及芦笙堂、坐妹、斗马等等,均反映出当地群众文化生态的原生性。虽然曾存在多种历史因素困扰,但就融水苗族系列坡会群来说,自20世纪80年代初期恢复之后,基本上还是原生态的形式,其坡会的仪式以及其中的多种传统文化形式都没有太大的改变,由此显现出文化积淀之深厚和传统的"顽固性"。也就是说,直至当下,文化生态空间还没有受到根本意义上的破坏。将来,只要这里的生产、生活方式不会有跃进式的改变,只要这种以村寨为单位的族源、血缘、亲缘、地缘关系不会产生大的变化,只要没有过多的行政干预,相信在文化认同的前提下,苗族坡会文化生态的原生样式也会延续不断。

群体教育功能性

坡会是民族文化的一种典型性的凝聚式的反映,其参与者是非常具有群体性的,上至白发苍苍的老人,下至牙牙学语的孩童,不分男女齐聚于此,感受同一种文化,各取所需,既有对民间信仰中神灵的认同,又有生产、生活技术的交流,甚至还有生殖崇拜(芒篙神的意义)的意味融于其中,因此,坡会成为一个具有民族文化教育功能的大课堂。

多民族团结融合性

在融水,苗族约占全部人口的43%,还有壮、侗、瑶、仫佬、汉等民族与苗族同胞生活在一起。每到坡会之时,并非只有苗族群众到场,而是在这一区域之内的瑶、侗、壮、汉等各族群众都来赶坡会,他们齐聚在一起,交友作乐、叙旧言欢,我们可以在坡会看到不同民族的芦笙队竞相比赛,在坡会的不同角落听到苗歌、侗歌、瑶歌、壮歌吟唱夜晚,主办坡会的村寨家家户户杀猪宰羊,汤鸡汤鸭,取来传统佳肴酸肉酸鱼和糯米甜酒,盛情招待其他村寨前来的客人。每户有客少则十多人,多则几十人。大家欢聚一堂,其乐融融。坡会已经成为多民族团结的平台。

（三）坡会意义和价值

民族文化的认同感、凝聚力与向心力

作为苗族文化最为集中展现的坡会，对于培养民族文化的认同感、凝聚力与向心力，是一种非常好的手段与方法。每逢坡会，当地苗族与各民族的男女老少举家、举寨赶坡，共同参与民族民间文化活动，进行村寨之间、群体之间和个体之间的交流，并以村寨、家庭或个人为单位开展各项比赛，以赢得胜利为快乐。坡会不分民族，人人参与，营造出平和、快乐、舒适、和谐的氛围，从而增强友谊，融洽情感。事实证明，坡会起到了增强民族文化认同感、凝聚力与向心力的作用。

民族文化传承与传播

坡会是民族文化集中展现的一个重要平台，本民族的每一分子，当他参与其中的时候，都会耳濡目染或者潜移默化地接受本民族文化的熏陶，由此，民族文化得以不断承继下去。在这个平台上，由于赶坡会的群众来自各地，特别是一些在当地影响比较大的坡会，常常会吸引更远一些村寨的群众成群结队地前来。如杆洞坡会已经有来自贵州和湖南的芦笙队参加。如此，就促进了民族文化的交流与传播。自形成至今，坡会的内容、形式、规模等方面都有了较大的发展，从最初单纯的祭祀，发展到融祭祀、庆贺、比赛、娱乐乃至商品交易为一体的节日；从最初某个屯举办，发展到几个村屯联合甚至全乡举办；从最初的几十人参加，发展到数万人参加，可以说，坡会文化伴随着历史的发展，一直在传承和传播着自己鲜明的民族特色文化和传统习俗。

禳灾祈福（传统文化观念）

坡会之形成，其相当重要的社会功能性就是村寨中的群众以人间最美好的形式，以最为虔诚的心祈求天地间多种神灵的保佑。从村寨寨老的角度来说，作为一方之首领，总是期望驱避灾祸，全村有个风调雨顺、五谷丰登的好年景；就每一个村寨的普通个体来说，则会在庄严肃穆的仪式上默默地祈祷，向诸路神灵诉说自己心中美好的愿望。无论是期望驱避灾祸，还是对未来的憧憬，对美好生活的期盼，均反映出一种实用功能性的意义，特别是安陲乡芒蒿坡

会上具有强烈傩文化色彩的芒篙神的存在，更是对这种功能性意义的最好诠释。

祭祖拜神

作为一种礼俗文化，对于祖先的祭祀和缅怀是民族的美德，也是团结民族人群的有效手段。如古龙坡会举办村寨在每次活动中，都要祭祀坡会的创始人韦阑亭。祭拜神灵则有助于人们对未来充满信心，齐心协力克服困难。如正月十一的"整堆"坡会举办时，要举行祭祀仪式，绕芦笙柱三周，吹三曲，摆设祭品，主事者面向东方蹲下，口念祭词（汉译）：

今天吉日良辰好日子，

我们来进"整堆"坡，

邀请你太阳神和月亮神，

下来和我们共度，

吃三杯苦茶喝三杯苦酒，

你太阳公显威月亮婆显灵，

助我们稳固山坡，

安定众民，

做生产得丰收，

做生意有钱财，

家家鸡鸭满舍，

牛满栏，

粮满仓，

钱满袋，

天天有剩，年年有余，

男女老少平安。

杆洞等坡会所开展的祭祖拜神仪式还分为小祭和大祭，在每年都要祭拜前提下，每隔十三年举行大祭，仪式比平常年份要隆重得多。祭祖拜神，充分展现了中华民族以礼为先的文化内涵。

谈情交友

由于人们平常在各自村寨进行劳作，很难有同其他村寨群众亲密交往与接触的机会，因此，坡会这个文化平台就较好地解决了这一问题。一般来说，这是任何一个村民都不愿错过的，特别是年轻人，男性青年展示自己的芦笙技艺，女性青年则将自己最为美丽的衣着服饰等展示于人。在主要的仪式结束之后，夜晚通过走村串寨、走妹，寻找意中人，最后定下终身，是青年人都有的一个目标。至于年长一些的群众，则借此机会聚在一起叙旧，唱苗歌，增进友情，这也是一种难得的人生乐趣。

娱乐

坡会所具有的娱乐功能是有目共睹的，坡会中有斗马、斗鸟、斗牛、斗鸡、对歌、赛芦笙等许多娱乐节目。群众通过参加这些活动展示自己的勇敢与

斗马（廖维 摄）

智慧，以赢得胜利为快乐。这特别体现在斗马这种竞技项目上。斗马是融水特有的娱乐节目，在其他地方很少见。相传500年前，融水就有斗马的习俗。斗马一般选择在田峒、河滩等开阔地举行，以方便群众观看。斗马有四个步骤：一是"选斗"，即由几个寨子推选出裁判去物色斗马对象；二是"耍威"，也叫"走堂"，即被选中的马主牵马绕场一周，与观众见面，以示威风；三是"相斗"，即斗马。首先选一匹母马进场，然后，两匹公马被牵进场，与母马"相识"，片刻，马主松开缰绳，两匹公马立即为赢得母马青睐而厮斗起来。刹那间，斗马场上沙石翻滚，尘土飞扬。两匹公马时而腾空弹踢，寻机撕咬对方喉、眼、唇等要害处；时而高扬双蹄，猛踢对方关节；时而绞作一团，难分难解；时而奋蹄疾奔，你追我赶。斗到精彩处，围观者狂呼喝彩，敲锣击鼓，场面紧张激烈，热闹非凡。斗马结束时，场上鸣枪放炮，芦笙震天，为获胜者披红挂彩，这叫"贺马"。胜利者手捧奖品，喜气洋洋，而群众则从观赏斗马中，让情绪释放，寻到乐趣，达到娱乐的目的。

促进经济发展

坡会，历来也是群众交流生产生活物资的平台。过去，借着坡会人多闹热机会，一些群众挑着香猪、香鸭、香鸡、香菇、木耳、笋干、酸鱼、酸肉等土特产品，以及蜡染、刺绣、织锦、芦笙、竹笛、竹篓、竹席、竹篮、篾盒等工艺制品进场交换，以后规模渐大。进入当下，坡会还成为群众交流生产耕作技术，以及学习科学种田和致富技术的场合，所以，交流的意义和功能是多方面的。坡会不仅让群众自娱自乐，还吸引国内外游客前来观奇助兴。每年坡会有县外游客成千上万人参加，除大部分来自内地都市和港澳台外，还有来自日本、新加坡、泰国、缅甸、老挝、美国、法国、英国、荷兰、意大利等海外国家。

（四）融水坡会群名表

融水苗族自治县系列坡会群名表

序号	坡会名称	时间	地点
1	整英坡会	正月初三	大年乡政府河边
2	嘎直坡会	正月初四	四荣乡荣塘寨底河边
3	平卯坡会	正月初五	拱洞乡平卯寨边河坝上
4	沛松坡会	正月初六	安太乡培地村边
5	拱洞坡会	正月初七	拱洞乡政府旁的田垌中
6	能邦坡会	正月初八	良寨乡培洞村老寨底的河滩上
7	乌勇芒篙坡会	正月初九	安陲乡乌勇寨芦笙坪
8	整依直坡会	正月初十	红水乡良双村河坝上
9	整堆坡会	正月十一	安太乡元宝村整堆寨边
10	百鸟衣坡会	正月十二	杆洞乡杆洞街边
11	整欧坡会	正月十三	安太乡政府附近
12	更喔坡会	正月十四	白云乡邦阳村上寨
13	古龙坡会	正月十六	香粉乡政府所在地古龙寨边
14	安陲芒篙坡会	正月十七	安陲乡暖平河口

第二节 坡会系列

一、整英坡会

农历正月初三的整英坡会，是大年乡一带苗、侗人民盛大的节日，是融水苗族系列坡会群里的第一个坡会。

（一）历史渊源

清代乾隆年间，先民们来到大年乡一带，经营农事，开展商贸交流，生活逐渐稳定，最后定居下来。但是，由于交通闭塞等客观因素，村与村之间的往来较少。村里的集体娱乐活动也只有吹芦笙，且各吹各的，互不来往，逢年过节冷冷清清。为了使年里的氛围热闹一些，更好地联络周边的感情，大年村中寨屯有威望的寨老与扣寨、下寨、古楼（以前中寨、扣寨、下寨、古楼四屯合称大年四寨）四屯寨老们大家商量，有意邀请周边村寨一起来吹芦笙，一是方便交往，二是能使过年过节热热闹闹的。大家一致同意这个想法。但是，地点定在什么地方，暂时还没有确定下来。

说来凑巧。有一天，大年的几个小伙伴在村边的田垌里玩耍时，突然发现：溪河上游名叫"起力"的地方，有两个漂亮的姑娘在嬉戏，时而欢声笑语，时而销声匿迹。大家好奇地走去探个究竟，可刚走到一半却见两位姑娘一闪，突然不见了。于是，他们走到近处寻找，只见两身蛇皮，几个小伙伴惊诧不已，遂回来向大人们报告。随后，消息也传到寨老们那里。聪明的寨老们认为，"起力"那段沟有一个很深的水潭，传说中是龙出没的地方，那一定是龙女出来玩耍了，如果这样，那里定是个好地方，因为"水不在深，有龙则灵"！于是，大家决定把吹芦笙的地点定在"起力"那地方，大年芦笙坡会最早的场所确定了。那年，以大年村中寨屯为首的大年村人正式邀请周边村寨来参加芦笙会，随后几年，氛围越来越好，场面越来越大，附近的高傲屯也加入了东道主的行列。

由于几年的成功举办，坡会吸引了更多周边村寨来参加，赶坡会变成了大家每年必定参与的活动，特别是青年男女更是对坡会非常向往。因为坡会人越多，越容易遇上自己心仪的对象。每年这个时候，姑娘们总是把自己打扮得漂漂亮亮以后才来赶坡，在此展示自己的花容月貌。漂亮的银饰展示着家庭的富有，如花的容颜昭示着青春的美丽，她们的一举一动，成为坡会上最亮丽的风景，时时吸引着帅气的后生们；而英俊潇洒的后生也因在此相到自己心仪的姑娘。从此以后，大年乡一带的先民们和睦相处，苗、侗民族间的来往和交流开始频繁了。

随着坡会的影响越来越大，来赶坡会的人越来越多，家中的客人一年比一年多了起来。不少家庭接待困难，负担较重。为了解决这个问题，经寨老们商议：一致同意每两年举办一次，活动时间还是正月初三。从此，两年一次的芦笙坡会便沿袭下来。

多年后，经多方协调，大家一致同意在大年村边沟口一处叫整英的地方举

笙笙齐鸣（李斌喜 摄）

办坡会，坡会的场地遂从扣寨的里头边名叫"起力"的地方转移到整英。

整英这个地方，其实就在大年村河边的一石滩，扣寨沟在这里流进大年河，将石滩分为两半。沟口的上边是一块平地，下边是一块宽阔的滩涂，能容纳几万人。

坡会场地更换以后，通过中寨、高僚、古楼和扣寨、下寨的寨老们开会协商，明确坡会相关问题：一、坡会由大年村中寨屯主办，每到举办那年，由中寨屯提前向高僚、扣寨、古楼和下寨屯发出邀请，并做好相关准备工作；二、明确了坡会入场顺序为：高僚村、大年村中寨屯、扣寨屯、古楼村和大年村下寨屯，高僚屯先进场，为大家清场开道；三、明确规定：欢迎并组织姑娘们走场，不主张已婚妇女加入走场队伍。从那以后，整英坡会上，走场展示的只有未婚姑娘，没有了已婚妇女。因此，整英坡会后来也叫做大年姑娘节。

就这样过了多年，人们相安无事，日子也过得有滋有味。但是，不知什么时候起，在大年村下游的某一个地方，却出现一个恶棍。他力大得惊人，一只手能托起一个舂米石，且常年身穿盔甲，貌似一个"将领"，人们便给他起个绰号叫"恶魔大将"。他横行乡里，打家劫舍，草菅人命，见到年轻貌美的姑娘就抢走。暴富后，他雇了很多帮工为其打工种田，成为大年河一带的恶霸。

"恶魔大将"的出现，搞得人心惶惶，鸡犬不宁。两年一度的坡会，姑娘们也不敢参加了，坡会的氛围也从此冷了下来。他的恶行引起了人们的公愤，大家义愤填膺，几欲讨之，但都惧怕他大力，没人敢出头。但是，任何事情都不是绝对的，在这帮雇工里有一个人，他不露声色，决心寻机为民除害。因"恶魔大将"身上的盔甲从不离身，无从下手。经长期观察，他终于发现：当"恶魔大将"腋窝搔痒，抬臂抓痒时才露出命门——腋窝，于是某一天，他瞅准了机会，一枪将"恶魔大将"打死了。人们奔走相告，都吐出了心中那口恶气、大快人心。打死"恶魔大将"的那个人也成了人们心目中的英雄。事后"恶魔大将"的几个儿子扬言要寻"凶"报仇，可是已无法实现。

为了确保一方平安，大年四寨和高僚的村民，一方面共同组织青年护卫队加强防范。大家认为：当前时宜，维护当地的社会秩序，保护一方平安，大家是有责任的，也是有能力的。遂决定组织更多的青年人参加护卫队，维护社会

驱邪的万民伞（龙涛 摄）

秩序，同时保障坡会秩序和坡会上的姑娘们的安全。于是，从那年开始，每次的整英坡会上便出现了身强力壮的壮汉手持棍棒守卫在撑着红花伞的姑娘们身旁，为她们保驾护航。

鸣炮开场（廖维　摄）

护卫队横空出世，震慑了周边邪恶势力，匡扶了正义。从此以后，再也没有人敢到当地各村屯扰乱社会秩序，周边地方的生产生活也由此安定下来。

（二）活动过程

正月初二，大年村中寨向各村屯发出邀请函，明确正月初三举办坡会，及进场时间。

正月初三，四面八方的男女老少向大年乡大年村寨边的整英坡会聚来。

早上，各寨会首敲锣走家串户，通知村民今天要进芦笙踩堂，于是，大家都早起做饭。午饭过后，年轻的姑娘们便开始梳妆打扮，男人集中寨中心吹三曲芦笙。大家集中到齐后，寨老们则领着大家到寨中的土地庙（寨神婆）举行祭拜仪式，祈求今年风调雨顺、人人平安！在土地庙请来"万民伞"，并将土地神的魂魄藏在另一把油纸伞内，用白手巾将伞绑好，让主事寨老夹在腋下。然后男人扛芦笙、姑娘打花伞，男女青年搭配，扛着寨旗按规定的路线统一出发。

下午两时许，高僚村的芦笙队和姑娘们到了。一切准备妥当的中寨屯、扣寨屯、古楼村和下寨屯，与高僚村列好顺序，准备入场。在阵阵铁炮轰鸣

中国民间文艺之乡

赶坡姑娘（李凡 摄）

声中，队伍缓缓从中寨屯的村头沿着石板路缓缓而下，来到河边。最先出发的是高僚寨的芦笙队，他们由四名年轻人手持铁棍在前面开路，主事寨老手敲铜锣，走在最前面，他们点燃铁炮，鸣锣开道（意为赶走鬼怪邪魔，驱散邪气）；紧接高僚寨芦笙队的是大年村中寨屯的队伍，由主事寨老手拿着油纸伞走在前面，据说油纸伞藏有驱魔辟邪的"寨神婆"。"寨神婆"在前面开路，驱走邪魔。再由一名身强体壮的男青年撑着一把特制的大花伞跟在其后，大花伞共有三层，名为"万民伞"。"万民伞"是用来保护所有进场的人，让大家顺顺利利、平平安安；跟在第三、第四和第五的是大年村扣寨屯、古楼村和下寨屯，他们也由寨老拿着油纸伞在前面开路，各村屯芦笙队紧跟在后。接着雄狮队，几个"大脸将"和"猴王"依次紧跟着雄狮前行；所有的芦笙队伍列队完毕以后，列在最后的是这成百上千的姑娘们了。姑娘们青春靓丽，手持花伞，穿着花衣、百褶裙，头戴银首饰、项挂银项圈、手戴银手镯，脚绑五彩

姑娘走场（龙涛　摄）

　　带，从中寨屯寨头的老石街移步下来，她们的出场立刻出现了一道亮丽的风景，给姑娘节平添了热烈的气氛；英俊勇敢的后生们拿着木棍一路护卫在旁边，保护着姑娘队行进的秩序和人身安全。

　　整个队伍，从中寨屯的村头下到河边以后，围着河边的石滩缓缓前行。他们一路燃放铁炮、鞭炮，一路敲锣打鼓，一路吹芦笙，虔诚地跟着；手持花伞，身穿花衣的姑娘们也一路跟着走，向观众们展示着她们的美丽的身姿，缓缓前行，大家都被这样的情景陶醉了！绕坪走三圈以后，大家都停了下来，姑娘们退场到两边。这时，全场开始鸣炮了，几十卷的烟花、爆竹同时燃放，震天动地，整个坡会沸腾了起来。东道主各自进入本村屯的芦笙坪，高僚村的芦笙队首先吹响进场曲，三曲过后，大年村中寨屯才开始吹进场曲，之后按着入场顺序到扣寨屯、古楼屯和下寨屯。当所有的东道主吹完三曲以后，外村芦笙队开始进场，人们挤满了河边的石滩。当所有的芦笙队进场完毕，上千把芦笙

绕堂三圈（龙林智 摄）

同时吹响，笙声直冲云霄，震撼河谷。场面之壮观，声势之浩大，令人振奋不已！所有的芦笙队尽情地吹着，姑娘们尽情地舞着，愉快地欢笑着。自由吹奏到芦笙比赛，一环接着一环，直到将近天黑，坡会上的人们才慢慢散去。

入夜，河边的石滩上，燃起了一堆堆篝火，喜欢唱歌的人们，不约而同地来到河边进行侗歌对唱、苗歌对唱，赞美生活，抒发感情。这些男男女女，围着篝火，尽情地"多耶"，尽情地欢笑。在家里，家主盛情宴请亲朋好友，大家话农事，谈经营，一幅幅"把酒话桑麻"的场景随处可见。觥筹交错中拉近了友谊，愉悦的声音不绝于耳。

整英坡会已有二百多年的历史了。

二、嘎直坡会

四荣乡荣塘村有个历史悠久的传统坡会,每年农历正月初四在荣塘村河边寨底举行,名为嘎直坡会,和其他坡会一样是苗族群众欢度佳节的好形式。

(一)历史渊源

很久很久以前,元宝山腰荣塘村一带有雨党、雨英、旧寨、新堆四个寨子。后来因各种变故,雨党寨搬迁上高王住,雨英寨分别搬迁到今安太乡尧电屯及杆洞乡尧告屯,旧寨搬上翁牛,新堆寨搬到甲昂。1962年,翁牛、高王、甲达、甲昂及元宝、支桶、白竹等寨又各有少部分人家搬来荣塘河边住,叫河边屯。今荣塘村辖翁牛、高王、甲昂、河边、甲达五个自然屯。

坡会现场(邓江平 摄)

嘎直坡会由来已久,据传始于明末清初。当时人们为了祈求风调雨顺、五谷丰登,在旧寨、雨党两寨寨老倡议下,选择在今翁牛寨底名叫"嘎直"的田垌里建立芦笙坡会,议定每年正月初四为坡会举行日。坡会开设以后,五村八寨群众纷纷前来赶坡,非常热闹。荣塘一带粮食也年年丰收,人丁兴旺,年景看好。后来遇上兵荒马乱年代,这一带村寨群众逃难的逃难,搬迁的搬迁,村

屯变小了，人口也少了，没有能力接待远道前来赶坡留宿的客人。于是将嘎直坡会卖给今安太乡林洞村大寨屯。自把坡会卖掉以后，荣塘一带五谷减收，人丁不旺，地方清贫冷落，人们觉得很不是滋味，后悔当初不该把坡会卖了。寨老们协商共议，几经周折，又到林洞大寨将芦笙坪赎回。自打那时起，嘎直坡会就从不间断地年年举行，永久固定，坡会比过去更有生机，也更热闹了。

身着盛装吹芦笙（龙涛 摄）

（二）活动过程

坡会当天，元宝山下方圆数十里男女老幼，穿起盛装，一群群、一伙伙，纷至沓来。达亨们扛着心爱的芦笙，英俊潇洒，健步如飞；达配们穿戴五彩缤纷的衣裙，花枝招展，

坡会场吹芦笙——报到（杨文确 摄）

广西融水

格外惹人；还有那提着鸟笼的中老年人、牵着骏马的青壮年，沿着田坎走来参加斗鸟、斗马比赛。欢快的人流，从各个方向向集会地点围拢而来。

苗妹踩堂（龙涛 摄）

日当正午，在阵阵鞭炮声中，各村寨芦笙队以大芦笙为轴心，围成一圈圈吹奏起来。一时间，十多堂芦笙同时轰响，声如倒海翻江，地动山摇，令人振奋，心旷神怡。三首合调过后，接着柔和舒展的踩堂曲奏响，只见场上的达配们穿一身镶边绣花的艳丽衣裙，发髻上佩戴光彩照人的银饰、珠坠，脖上挂项链，手上戴银镯，踏着悠扬的旋律翩翩起舞；达亨们穿着亮布衣衫，手捧芦笙，边吹边跳。他们往往在歌舞声中，"眼角眉梢爱暗招"。挑选好了自己心爱的情侣，然后寻找机会，以花带作为定情信物，互相赠送，许下终身。这种风俗就是人们常说

百鸟衣芦笙手（郁良权 摄）

第一章 坡会

023

的"讨花带"。

节日里，还举行有斗马、赛马、斗鸟、芦笙比赛等多项活动，吸引着兴趣不同的男女老少。坡会活动一直持续到太阳西下，人们才依依不舍离开坡场。

入夜，当地村寨各家各户，蒸上香喷喷的糯米饭，端出醇香的糯米酒以及酸鸭酸鱼，款待远道而来的客人。夜深了，达亨们三五成群，踏着融融月色到达配家走妹，吊脚木楼里飘出情意绵绵的歌声，通宵达旦。

三、平卯坡会

（一）历史沿革

拱洞乡平卯坡会是苗、侗人民为了增进民族情谊，调节劳动生活，预祝来年林茂粮丰而举行的。平卯坡会场地设在平卯村河边的河坝上，由平卯、瑶龙两个村共同主办。据平卯村寨老说，平卯坡会的坡场最早是瑶龙村设的，但

平卯坡会全景（廖维 摄）

是地点就在平卯村脚，平卯村人同时也要举办，后来就由两个村联合举办，并不断邀请周边村寨参加，坡会的影响越来越大。每年坡会进场仪式起先都是由瑶龙村寨老率队先进场，平卯村的寨老率队跟后；后来平卯率队首先进场，瑶龙村率队随后。在两个村的寨老们进场完毕，在坡会场中心的芦笙柱下举行祭祀仪式后，周边村寨的芦笙队及人员才陆续入场。两村的人发现，凡是在举行坡会进场仪式时率先入场的，当年的稻谷等农作物收成都较好，而在后面入场的，当年农作物收成都较差。因此，双方每年总是有意抢先进场，互不相让，为此闹过几次不愉快的事。为了友好往来、和睦相处，双方寨老协商决定，每年进场都由两个村寨头牵手同时同步进场。

（二）活动过程

节日这一天，群众身着盛装，装上甜水酒，包上糯米饭，带上酸鱼酸鸭，扛着芦笙，各自在村里举行祭祀仪式后，便成群结队从四面八方赶到平卯寨边河坝上集结。中午时分，随着坡场中央"隆隆隆"三声铁炮巨响，平卯、尧龙两寨的寨老提着锣鼓、执着芭芒草并排走在前头，鸣锣敲鼓引道。两寨的芦笙队、姑娘队及其男女老幼依次入场，围着芦笙绕三圈，苗语叫"痴打"，意思是把场上的邪气赶走，净化芦笙场。绕圈当中，芦笙声、鞭炮声此起彼伏，坡会的气氛一下子热闹了起来。绕了三圈以后，芦笙队到了场中心的芦笙柱下，把芦笙靠在柱子上，由两村的寨老举行祭祀仪式。

吹踩堂曲（廖维 摄）

中国民间文艺之乡

祭祀仪式结束，接下来就是最美的踩堂了。

几个寨老在芦笙柱下吹起了悠扬的踩堂曲，两个村的少女少妇们便在芦笙柱四周围成一个大圆圈，由年轻漂亮的走在前面。这些女人，金字塔般的发型，别着银梳、头簪，插着头花；胸前挂着银项圈、银锁，戴着手镯，身着各种镶边图案的亮布衣、百褶裙，个个非常亮丽；而男人们则在女人的外围围起了圆圈。前面领头的几人手持芦笙，后面的人双手合十，与女方相反的方向踩堂。在芦笙头的吹奏下，踏

芦笙踩堂（廖维 摄）

踩堂圆舞曲（廖维 摄）

着优美动听的芦笙曲旋律，跳起了抒情浪漫的踩堂舞。姑娘们那五彩缤纷的衣裙和银饰在阳光下闪烁，那轻盈的舞步、含情的眼神，仿佛时装展览会上的表演一样，犹如"巧裁天上紫云袍，几度坡前浮亮丽"，任由坡会上的宾客们欣赏品评。

踩堂结束，接下来开始芦笙比赛。各个芦笙队一个挨着一个，后生们憋足底气，鼓起腮帮，以自己独特的韵律，竞相吹奏。高昂洪亮的芦笙赛调此起彼伏，响彻云霄，山应谷鸣。经过一番激烈较量后，由民间芦笙艺人组成的评判组评出优胜队，并将锦旗挂在获胜者的大芦笙上。此时坡会欢声顿起，鞭炮齐鸣，人们对获胜队发出啧啧的赞扬声。

芦笙欢歌（廖维 摄）

太阳偏西的时候，人们分散在河滩边、树荫下，三五成群地聚拢到一块，津津有味地品尝从家中带来的甜水酒、糯米饭和酸鱼酸鸭。平时难得见面的远亲近戚、新朋旧友，也借此机会互道祝福，举碗交杯，拉家常，话农桑，展望新的一年。凡是参加坡会的人，无论相识与否，人们都十分亲热地邀你共进野餐，或给你敬上一碗酒，或分一团糯米饭给你。这种不分彼此、无拘无束、同乐共饮的感人情景，给第一次参加坡会的人留下了难忘的印象。

坡会上还举行苗歌赛、唱"多耶"、斗鸟等活动。

晚上，平卯村还举行"侗戏"演出。精品剧目有《毛鸿》《玉英》《贵金二郎》《朱郎娘梅》等，甚是热闹。平卯河畔村村寨寨，欢声笑语歌声飞扬。

跳踩堂舞（廖维　摄）

四、沛松坡会

安太乡培地沛松坡会于每年农历正月初六举行。

（一）历史渊源

据当地苗族老人说，大约在两百年前就有了沛松坡会。那时除当地的苗族村寨参加外，附近的寨怀、林洞、洞安、元宝、小桑、培秀、求修、三合、尧良等村寨的芦笙队都来参加，除吹笙踩堂外，还有斗鸟、斗牛、斗马、打同年等内容，观众很多，十分热闹。但是，有一年坡会活动不久，有一对男女青年因不满父母包办婚姻的做法，双双去坡会的古树上吊颈自尽，惊吓了整个苗区。人们认为有晦气，对坡会活动不吉利，从此停止了坡会活动。

1952年秋，培地村有名叫"佩民""头日"（苗语奶名）的两位姑娘，去到怀宝镇一带山沟老林寻找染布用的蓝靛草。一天清晨，她俩早早起床下沟底挑水,遇见一个白发苍苍的老太。老太询问她俩说:"你们这么早来挑水,是从什么地方来的?到这里干啥呀?"她俩回答道:"我们来自安太乡培地村,到这里来寻找蓝靛草的。"老太说:"要蓝靛草染布做新衣裳,过年好吹芦笙跳踩堂啊!"接着老太若有所思又说:"培地是个好地方,很久以前有个沛松坡会,很热闹,那是一块宝地啊!你俩回去告诉父老乡亲,一定要恢复沛松坡会,村寨才能人丁旺盛,五谷丰登。"二位姑娘回家后,将老太的话转告乡亲们,大家认为,她俩遇见了神灵仙人,应该按仙人的话恢复沛松坡会。于是经几个村屯的寨老集中商定,便于1953年正月初六恢复了沛松坡会,一直沿袭至今。

(二)坡会过程

当天上午,四周村村寨寨的男女老少倾巢出动前去参加坡会。在通往坡会

坡会现场(廖维 摄)

的道路上，后生们扛着扎上各色彩带的芦笙，队伍浩浩荡荡，个个神采奕奕；姑娘们身着盛装，手持花伞，三五成群，喜气洋洋；中老年人有的牵着骏马，有的提着"画眉"，有的挑着土特产品，有的搀老扶幼，从四面八方汇集而来。此时，坡场上、四周山坡上和两边公路上，人们摩肩接踵，熙来攘往，密密麻麻，人山人海。

鸣炮醒堂（郁良权 摄）

  中午十二时许，各地芦笙队到齐后，第一个节目进行芦笙比赛。芦笙比赛，苗语称"希兵嘎"，即比赛声音响亮。芦笙赛，虽重在芦笙响亮度的较量，但同时也是吹笙动作的展演。近看，小伙子们个个全身肌筋紧绷，两腮胀鼓，真可谓使尽九牛二虎之力和浑身解数。那中号芦笙的杆尾，集聚向里层的大号芦笙，展现了"九牛爬坡个个出力"的众志成城态势，体现了苗族人民的凝聚力和向心力。苗族后生英俊身姿、雄伟气魄，尽在竞赛中展现。芦笙音浪此起彼伏，响声震天，如倒海翻江，地动山摇。这是一场比力气、赛耐力、衡意志的角逐。远处，那些老年人，登上高山分多处烧起篝火取暖等待比赛，他们一边抽烟，一边品味芦笙的响声、美韵。他们既是欣赏者，也是评判员。"当局者迷，旁观者清"，哪堂芦笙响声大、吹奏齐、曲调美，评判者最清楚，最有发言权。而赛场上各队芦笙手，个个翘起拇指，互赞对方芦笙响亮、吹奏整齐，体现了苗族民间友谊第一、比赛第二的深厚情谊和宽阔胸怀。

  接着，进行最精彩的节目——芦笙踩堂舞。芦笙踩堂舞，是苗族同胞喜闻

乐见且广为流传的一种大型民间舞蹈。俗话说："芦笙一响，脚板就痒；芦笙一吹，舞步即飞！"这充分说明苗家人特别喜爱跳芦笙踩堂舞。芦笙舞，每堂芦笙有上百人参加，男的吹奏芦笙曲，女的伴随曲调起舞。舞时，里外三层围成大圆圈，大芦笙和地筒定格在中央，小伙子们手持中、小芦笙边吹边舞，时而欢腾雀跃，时而左右摆动，一前一后刚劲有力，一音一节整齐合拍；打扮得花枝招展的姑娘们手拿花伞或飘带伴随着曲调翩翩起舞，舞姿轻盈而多变，舞步轻快而整齐，百褶裙轻轻摇曳，银簪首饰闪闪发光，令人赏心悦目，心花怒放。

踩堂舞在风格上有文跳和武跳之分，文跳稳重、温和、柔韧，舞姿轻盈，节奏缓慢；武跳活跃，动作带有跳跃、欢腾，节奏紧快，花样多变。不论文跳或武跳的动作，都是苗族人民开荒种地、砍树建房、播种插秧、植树造林、纺纱织布、迁徙生活的再现。整个动作有几十种，富有浓郁的传统民族特色和鲜明的地方生活气息。

芦笙吹奏（郁良权　摄）

随后，还举行斗鸟、斗马、斗牛、斗鸡、篮球比赛和文艺表演各项节目。下午五时许，随着各个节目的逐渐结束，坡会人群渐渐散去。夜晚，当地各个村寨邀请远方来的芦笙队进寨打同年，宾主同吃共饮，一起联欢，大家叙旧情，谈往事，畅谈美好生活；青年们则行歌走妹，对唱情歌、爱恋依依，彻夜不眠，通宵达旦。

五、拱洞坡会

（一）历史渊源

每年农历正月初七，是拱洞坡会的举行日。据说，鸦片战争时期，莫家从福建到梧州再迁到拱洞上寨。在这里生活后，莫家人与当地各民族人们通婚，逐渐融入当地风俗习惯，随着人口的增加，村中吹芦笙的人越来越多，于是寨老就与距离不远的有七八百户的苗族大寨高武村商量，共同设立坡会，将地点定在雅劳，时间按照大年、平卯、拱洞顺河而上的顺序，定在正月初七。地点选在雅劳，是源于一个传说。在雅劳旁边有个龙女潭，有一年出现了两个龙女，非常漂亮，引得很多小伙子去追求，但到龙女潭之后就不见了，于是人们认为那里是个吉祥之地，所以坡会地点就定在雅劳。后来由于赶坡的人越来越多，龙女潭这个地方装不下，加上田里的水总是放不干，人们只能站在田基上看热闹，很不方便，所以就打算改到河对面的乡供销社沙龙（地名）。在沙龙举办坡会的第一年，当地群众获得了丰收，人们就认为沙龙也是个吉祥之地，于是就确定在这里举办坡会了。这样又过了十多年，考虑到坡会地点靠近上寨比较方便，2011年后重新回到雅劳。拱洞坡会至今已有一百五十多年的历史了。

（二）活动过程

每年正月初七，当人们还沉浸在欢庆新春佳节浓厚氛围之时，拱洞乡一带苗族、侗族同胞，又兴高采烈迎来了一年一度的雅劳坡会。这天，群众先去寨上的土地公庙、土地婆庙进行祭拜，然后出发到地势开阔的河坝上集聚。河坝中央竖有两根各三米多高、蕴意鬼邪不敢接触的禾木树桩。方圆百里大大小

小村寨，扶老携幼聚集到这里共度佳节。坡会开始要绕芦笙坪。主办者高武、上寨两个村寨的寨老手执芭芒草（叶片锋利，割人很痛）、禾木树枝（树木接触人体会发痒）并列走在前头，边走边扬手中之物，意思是将魔鬼邪气撵出场地，将这片洁净的地方留给人们欢乐。后面依次是两把小芦笙、两杆芦笙旗（写有"国泰民安""龙飞凤舞"等字样）、两寨的芦笙队、姑娘队及寨子里的男女老少。外来芦笙队跟在两寨之后。绕场时，由手持小芦笙的芦笙头吹"引路曲"，其他芦笙不吹。在铁炮和鞭炮鸣放声中，一位德高望

祭祀（王福贤 摄）

芦笙欢迎曲（王福贤 摄）

重的老者提着祭品、香纸到场地中央树桩前摆设，口中念念有词：

今天太阳亮丽夜吉祥，

坡会完年关过。

一帮阿爸阿妈，

带一帮姑娘后生，

进芦笙堂入芦笙坪。

踩堂给竖岩看，

踩圆圈给阿爸阿妈见。

眼下旧的一年过，

新的一年来。

做农活粮食有剩，

做生意钱财有余，

天底下众人安康富有。

绕完三圈后，寨老们拿着手中的芭芒草、禾木树枝到场地中央围着树桩插好，两寨芦笙队围绕树桩吹三曲。培基、下寨、高文、平卯、龙培、振民等其他芦笙队陆续进入，选好自己的芦笙堂位置。按规矩，各个芦笙队进场后先吹三曲合调作为"暖坪"，然后才踩堂。踩堂过程中，主客队之间、客队与客队之间的姑娘们十分友好，彼此尊重，互相轮换场地，一会儿我到你芦笙坪上踩，一会儿你到我芦笙坪来跳，一会儿又聚拢到一起，里三层外三层围着一个芦笙队同场欢跳。青春似火，炽热的情意涌流。后生们见外村的姑娘到自己的芦笙坪参加踩堂，个个精神十足，吹得更加卖力，舞得更加潇洒。他们边吹边瞄，边跳边相，暗自选择着心目中的女友。

坡会上还安排各种各样的文体活动。球场上赛篮球，歌台上唱苗歌、侗歌，草坪上斗鸡，树荫下斗鸟。芦笙坪的吹笙声、人们的笑语声、缠绵的歌声，汇集成一片欢乐的海洋。

坡会最后一项活动叫做"洗坪"（苗语称"押打"），同样按顺序绕场三圈。意思是通过洗坪，把我们的魂魄（苗语叫"金鲁金力"）带回去，回家吃肉吃饭，这样才平安健康，做活路有力气，来年生活过得更好。洗坪结束，人

芦笙比赛（王福贤 摄）

们在铁炮声和鞭炮声中告退，坡会散场。远道而来的客人，纷纷被附近村寨的村民邀请去过夜做客。

晚上村村寨寨灯火通明，座座木楼亲朋满座，主人杀鸡宰鸭，热情待客。饭后，有的人围在火塘边对歌，有的人聚在芦笙坪上看苗语电影，年轻人则串寨走妹。人们尽情欢乐，通宵达旦。

六、能邦坡会

能邦是良寨乡培洞村大寨底一处宽阔河滩的名称，是融水苗族系列坡会群中初八坡会的举办地，这一坡会也因此被称为能邦坡会。

（一）历史渊源

关于能邦坡会的来历，良寨乡培洞村培洞寨一带苗家流传着这样一个故事。

传说三百多年前，培洞寨有位叫引蓉的姑娘，长得很漂亮，在附近一带是很出名的。隔壁老寨屯有个后生叫桑才，长得英俊壮实，一表人才，两人相互爱恋。当时这一带还没有芦笙坡会，听人说贵州边界的租鲁租犁（苗语，地名）芦笙坡会很热闹，两人就相邀结伴到那里去观看。他俩出现在坡会上时，许多人被这对帅男靓女所吸引，纷纷围拢过来问这问那："达配达亨（苗语，姑娘、小伙子）你们是从哪里来的呀？来做什么呀？"他俩一一回答。得知他俩走了三天路来这里看坡会时，一位年迈的老爹听了关切地说："从那么远的路赶来，沿途虎豹出没，很不安全啊！过几天我们装一把这里的土给你们带回去，你们自己建一个芦笙坪吹笙踩堂，给那里的人闹热闹热吧！"

桑才、引蓉把泥巴带回来后，将泥巴埋在培洞寨底的枫树坳，选择那里做芦笙坪。培洞、老寨合做的一堂芦笙在坡坪上一吹，声音特别响，传得很远很远，不但看热闹的人络绎不绝，就连许许多多各种各样的小鸟都闻声飞来，落满坡坪周围，弄得芦笙坪到处是鸟粪，人们怎么赶，鸟也不飞走。散坡后，许

能邦坡会全景（贾世朝 摄）

多人被鸟粪里的病毒感染，不是呕吐就是拉肚子。人们觉得这个地方承受不了热闹，不适合搞芦笙坪，第二年就改换在一个叫两屋的地方。两屋地势开阔，周围的层层梯田可作看台，方便人们观赏吹芦笙，每年来这里赶坡的人非常踊跃，热闹极了。有一年，不知从何处来了两位美如仙女般的姑娘，培洞寨两个后生哥见了，顿生爱慕之情，有意和姑娘接触交谈。坡会散场后，后生哥邀请姑娘进寨留宿，姑娘借故家里农活忙没空谢绝了。两个后生只好依依不舍地相送。

芦笙队来赶坡（韦平新 摄）

他们手牵着手，漫步在山梁、溪边，送了一程又一程。当送到一处深水塘边时，暮色已渐渐降临，姑娘请后生哥返回，不用再送了，并解下系脚套的花带赠给后生作纪念，这使两位后生更加爱恋得难舍难分，不愿回去。姑娘无法，只好哄他们说："你们看，后面来了许多人。"两个后生回头看，再转脸时已不见了两位姑娘，这才恍然大悟——姑娘原来是龙女，她俩跳下深潭去了。两人忙从口袋里掏出脚套带一看，带子变成了蛇皮。后生又惊又喜，回家后思念成疾，不久双双去世。这件事情出现以后，人们议论纷纷，认为两屋这个地方也不适宜举行芦笙活动，坡会随之停止下来。

大约两百年前，培洞、老寨的人经过多次商量，最后确定在老寨寨底的能邦河滩上举行坡会。年年坡会，年年热闹，安然无事，沿袭至今。

（二）活动过程

能邦坡会原来是以培洞、老寨为主办方，后来尧信、甲洞两个寨加盟进来，成为以四个寨为主的坡会。坡会的芦笙坪上有一个芦笙柱、一个禾木桩。参加坡会的一般都有十多堂芦笙，观众上万人。

每年农历正月初八这一天，当地的良寨和毗邻的洞头、大年、拱洞、红水、安太等乡镇的人们身着盛装，兴高采烈地从四面八方汇集到能邦，往常空旷的河滩顿时变得人山人海，笙歌阵阵。

坡会开始时，要举行一个仪式，以示对各路神灵的敬重。首先由四个主办寨子的芦笙队并列在前绕行芦笙坪。绕场时，由四个寨子的寨老手拿表示驱鬼祛邪的芭芒草、禾木树枝走在先，后面依次是四把小芦笙、四杆芦笙旗、四个寨的芦笙队、姑娘队伍以及四个村寨的男女老少。其他外来的芦笙队则跟在他们之后参加绕场。绕场过程中，四个寨的寨老拿着香纸到芦笙坪中央的芦笙柱下边烧边念理词：今年我们又来举行芦笙聚会了，

吹进场曲（韦平新 摄）

坡会现场一侧（韦平新　摄）

向各路神仙敬拜，祈求保佑我们风调雨顺、五谷丰登、人畜兴旺。绕完三圈后，各寨寨老将手中的芭芒草在场地中央围着禾木树桩插好，四个寨的芦笙队围着树桩吹奏三曲，其他芦笙队这时才进入指定位置开始芦笙踩堂。每个队先吹三曲合调，然后踩堂，接着再吹三曲，最后是芦笙比赛。各个芦笙队一旦入场即鸣放铁炮、鞭炮，时间长达二十多分钟，整个芦笙堂上空一片烟雾缭绕，芦笙柱顶端的锦鸡以及寨旗若隐若现，在四面青山的环抱中形成了一幅喜庆吉祥的壮丽画图。炮声过后，达亨们吹奏着芦笙时而左右摇摆，时而前弓后仰，动作十分潇洒自如；达配围绕着达亨翩翩起舞，展示女人的舞姿和衣饰的美丽。十几堂芦笙的声音齐鸣，震天动地，围观者看得热血沸腾、眼花缭乱。活动内容还有斗鸟、山歌比赛等。活动结束后，按照进场顺序，芦笙队又绕场三圈，即"扫场"，燃放鞭炮、铁炮。然后主寨的群众邀请远来的客人到家做客，坡会散场。晚上，则举行文艺汇演，或者自由进行串寨、对歌、走妹等活动。

七、乌勇芒篙坡会

（一）历史渊源

每年农历正月初九是安陲乡乌勇苗寨芒篙坡会举行的日子。据寨里苗族老人董任祥介绍：远古时候，元宝山四周古木参天，森林茂密，凶残猛兽繁多，时常下山进寨侵害人畜；加之盗贼十分猖狂，不分白天黑夜时常袭击山寨，抢夺民众钱粮和禽畜。因苗寨居住分散，人烟稀少，势单力薄，难以防范和抵御这些祸害，山民的生命财产难以得到保障。为了震慑这些盗贼、猛兽，有人提出：把神人芒篙请来，才能扶正压邪，维护平安。这一提议，得到了众人的附和。于是就招集乡亲父老用锅灰涂黑脸，披芒藤，装扮成芒篙，有盗贼来时从山上呼叫而下，对方以为是神从天降，惊慌失措，四处逃窜。当时芒篙只身披芒藤或稻草，没戴假面具。约300年前，本村老人马老二提出，要做个眼睛给芒篙戴，它才能见路。这样，人们就用莬金汤（苗语，一种古树）精雕细刻成面具，用棕树皮做胡须给芒篙戴上，制成了逼真的芒篙。它驱恶扬善，扶正压邪，猛兽畏惧它，盗贼害怕它，邪恶避开它，而平民百姓则喜爱它、崇敬它。每当逢年过节，或喜庆日子，它从山上下来，与群众一起吹笙踩堂、唱歌跳舞，

芒篙驱邪（龙涛 摄）

与民共乐。从此，苗家人丁旺盛，五谷丰登。因而苗家人对"芒篙"十分崇敬和爱护，并择定正月初九这个日子举行芒篙坡会。

　　苗族民间普遍把芒篙视为神灵益兽，他们认为，芒篙抚摸小孩，就会快长快大；抚摸老人，就会健康长寿；拍摸姑娘，就会越来越漂亮。可见，"芒篙"能给苗民消灾降福，保护平安、愉悦身心和吉祥幸福。

（二）坡会过程

　　头一天，芒篙扮演者各自上山采集芒藤，将芒藤隐藏在离寨子不远的山上。初九凌晨，为了不暴露自己的身份，他们趁天未亮前，悄悄去到藏芒藤的地方装扮芒篙。装扮时，用芒藤编织成类似披肩、衣裙样，笼罩在身上，外露的手和脚用锅烟灰涂黑，戴上木雕假面具和棕皮胡须。面具以夸张手法表现各路神灵，形态逼真，神态各异，喜怒哀乐兼备。装扮好，就在山上等候。

　　中午时分，古老的乌勇苗寨芦笙坪上人声鼎沸，笙歌震天，欢腾雀跃。一位德高望重的寨老来到场地中央，在一张摆有三牲（猪、鸭、鱼）祭品，斟满八碗酒（代表八个姓氏）的四方桌前，点燃香根、冥纸，他虔诚地叨念着祈祷词：

　　　　今天日吉祥，

　　　　今晚夜吉利。

　　　　吉祥日牛崽出生，

　　　　吉利夜鹅崽出世。

　　　　今天我寨八姓人，

　　　　有四方八寨朋友，

　　　　去那古老的培松山，

　　　　到那原始的培松林，

　　　　把芒篙请来苗寨，

　　　　请进古老芦笙坪。

　　　　芒篙来驱邪赶鬼，

　　　　芒篙到消灾除祸，

　　　　芒篙来老者长寿，

芒篙到少儿健康；
芒篙来五谷丰登，
芒篙到六畜兴旺。
我师傅嘴巴有油，
我师傅口水成药，
我吐口水给狗，
狗会赶猎捕获；
我吐口水淋石，
石头会长五谷；
我吐口水淋木，
木栋会长香菌。
我讲成就成，
我讲是就是，
苗家钱财大发，幸福安康！

　　祈祷仪式结束，人们吹起芦笙，敲响锣鼓。芒篙听到芦笙、锣鼓声后，从山上各个角落"咿呜，咿呜——"地叫喊着蹦跳出来。场上的人们见状，个个欣喜若狂，"呀呜，呀呜——"（苗语，即"好啊"之意）的欢呼声响彻山寨。竿篙来到芦笙坪上和大家同乐嬉闹，它们时而掺到芦笙堂中跟后生吹奏芦笙，时而加入姑娘队中跳踩堂舞；时而分散到人群中，摸一下这人的手，拍一下那人的头；时而排成一行蹦蹦跳跳，呼叫声声。观众笑语欢声，掌声雷鸣！

　　紧接着观众围成一个大圆圈，芒篙在中间表演开始了。只见十多只飒爽英姿的芒篙登场，它们先向观众摇手致意，继而向观众弯腰鞠躬。紧接着欢腾雀跃，左右甩动，时而双手高举，脚尖顶地；时而双脚蹬下，矮步轻摇；时而手拉手同步向前，时而肩并肩并排后退；时而垂头下地，默不作声；时而仰面朝天，高声呼喊。动作有似猛虎扑羊、野猫抓鼠、雄鹰叼鸡的粗野；也有如苗民插秧、剪禾、喝酒、对歌、吹笙踩堂般的温柔。整个动作灵活多变，合拍整齐，让人赏心悦目，心花怒放。随着表演的一起一落，一阵阵雷鸣般的掌声和喝彩声连绵不断，在高高的苗寨上空回荡！

乌勇芒篙坡会（龙涛 摄）

坡会间歇时还举行撒糖抢糖活动。此时，只见小伙子们一个个背着鼓囊囊的挎包，或提着沉甸甸的口袋，右手不停地从包内将糖果大把大把地抛撒向挤得水泄不通的人群中，顿时整个坡会沸腾起来了。人们的喧闹声、抢糖的尖叫声、观众的欢笑声和向撒糖者鼓掌喝彩声连成一片……

夜幕降临，寨中主人邀请远方来客进寨住宿，杀猪宰羊，摆席设宴盛情款待，宾主一同联欢，通宵达旦方散。

融水苗族地区的村村寨寨普遍举办芦笙坡会、斗马坡会、斗牛坡会等，但与大多数村寨不同的是居住在元宝山半山腰四周苗族村寨的安陲乌勇坡会还开展芒篙活动，可谓风味独特，饶有情趣。

八、整依直坡会

（一）历史渊源

红水乡良双村整依直坡会于每年农历正月初十举行。相传清康熙三十四年

（1695年），今红水乡良双村洞寨杨姓家族有个族长名叫杨勇，为了谋求苗民族和睦相处，共同抵御外来侵扰，在洞寨龙潭边立了一块崖石（苗语称依直，一种聚众立法形式），并用竹子制作了三管芦笙和六管芦笙。次年他派人到桂黔边境各苗族村向寨老发标签（一种聚众议事的木刻标志），邀请各寨派人来洞寨学吹芦笙。各地来的人围着杨勇立的依直吹芦笙，在依直前盟誓：决心以依直作旗帜，以芦笙为娱乐，增强苗民族的凝聚力，同心协力抵御外来侵扰。杨勇还向各寨代表传授芦笙制作技术，使芦笙响遍苗岭山寨。此后每年春节，良双一带的各村寨芦笙队在寨老带领下，来到龙潭边，围着杨勇立的依直绕三圈，吹三曲，以此纪念杨勇传授芦笙制作技术的功劳。整依直坡会由此得名并形成。

（二）活动过程

坡会到来之前，家家户户酿好了香甜的糯米酒；姑娘们绣织好美丽的衣

坡会全景（贾世朝 摄）

裙，准备好银花首饰；小伙子们忙于修理和添置芦笙；老人们邀约至亲好友；主妇们取出禾把，舂成雪白的糯米。人们都为欢度节日，迎接客人到来而忙碌着。

赶整依直坡会，主办寨组织协办寨和外来赶坡会的芦笙队统一进芦笙坪，所有的芦笙队都集中到依直，将芦笙旗一起插在依直的周围，然后用绳索捆绑在一起，表示团结同心，吹三曲后由侗寨寨老在前面引路，外来芦笙队、协办寨芦笙队先后沿河边上芦笙坪，最后由洞寨芦笙队在尾，大家边吹边走，互相交流认识，以便邀请进寨打同年，一直吹到芦笙坪。

芦笙坡坪设在一处群山环抱、梯田环绕的河坝上，一根根芦笙柱高高耸立，一杆杆芦笙旗迎风飘扬。方圆几十里乃至百里之外的苗族同胞，兴高采烈地纷至沓来，互致问候，恭贺新春。各村寨芦笙队的小伙子们身穿紫蓝色衣衫，肩挎锦袋，手捧芦笙，围住自己的芦笙柱边吹边跳；姑娘们披戴银首饰，身着花边衣裙，伴着芦笙节拍翩翩起舞，他们绕着芦笙堂跳了一圈又一圈，踩了一曲又一曲。"芦笙响，手脚痒。"那些在场外观看的知咪知爸们（苗语：阿爸阿妈），此时也按捺不住涌动于心底的舞兴，纷纷上场加入踩堂行列。场内彩裙飘动，舞姿如云，场外欢笑声不断，喝彩声似潮。整个坡会一片欢腾。

坡会上，人们还看到扣人心弦的斗马，观赏到紧张激烈的斗鸟，领略到情意绵绵的对歌，品尝到香甜的糯米酒和喷香的酸鱼酸鸭。坡会一直持续到送走太阳下山，人们才渐渐散去。

夜幕降临，

踩堂（龙涛 摄）

中国民间文艺之乡

客寨芦笙队应邀到主寨打同年。客队来到寨边山坳时，吹奏三首进寨曲，示意已经到达。听到这熟悉的芦笙曲，寨老带领盛装青年男女到彩门下列队迎接，敬酒献茶，引唱开门歌。进寨后，首先到寨中芦笙坪吹芦笙、跳踩堂，给主寨的人们欣赏，然后主人才将客人领进各家各户。晚上主客双方在芦笙坪上联欢，在火堂边对歌赛歌。

第二天举行隆重的打同年仪式。来的客人特别多，格外热闹。吃过早饭后，客寨芦笙队男男女女穿戴盛装，首先来到芦笙坪，以母笙和大号笙作轴心，地筒、中号、小号芦笙围着"轴心"，吹奏气势磅礴的合调；接着姑娘们又踏着踩堂调的节拍，跳起优美抒情的踩堂舞。当踩堂至半时，主寨芦笙队同样盛装打扮，牵着披红着绿的黑牛牯和羊牯，赶着大肥猪，用花杠抬着数十坛糯米甜酒来到芦笙坪，围着客队绕了一圈又一圈，边走边吹象征团结友谊的同年曲。这时整个芦笙坪芦笙声惊天动地，鞭炮声、铁炮声震耳欲聋。人们跳着，吹呼着，场面激荡人心，热闹非凡。这一环节把整个打同年仪式推向了高潮。

傍晚，同年晚宴设在宽敞的芦笙坪上，几十张矮方桌摆满了丰盛菜肴，主客同桌共餐，亲切叙谈，喊酒声、劝酒歌此起彼伏，气氛十分热烈融洽。

第三天上午，客队要离村时，照例盛装到芦笙坪吹笙踩堂，以示答谢。临

盛装的苗族姑娘（龙涛　摄）

走时主寨赠送牛头一个、猪肉一腿、羊牯一只作礼,情意绵绵地送了一程又一程,客队恋恋不舍。到山坳分手时,主客双方各唱分别歌,歌声由近而远,在群山间久久回荡。

九、整堆坡会

(一)历史渊源

整堆坡会的形成,据元宝寨近百岁老人董文英讲述:二百多年前,元宝寨董姓家族中有一位名叫董大王的族长,看到别的地方搞芦笙坡会既热闹又欢心,他很想在当地办个坡会。但是坡会设在什么地方好?选来挑去总觉得不满

整堆坡会现场(龙涛 摄)

意。一天晚上董大王喝了几杯酒后，昏昏欲睡，很快进入了梦乡。甜梦中他看见整堆这个地方有芦笙会，男女青年吹笙踩堂、对唱苗歌、谈情说爱十分热闹。第二天，董大王特意登上寨子背后的引刀山，用石头垒成石桌石凳，在石桌上燃香根、烧冥纸，坐上石凳，俯瞰整堆地形，他前看后看，左看右看，越看越兴趣，越看越满意，觉得整堆确实是个举办芦笙坡会的好地方。于是他把房上家族召集在一起，说："整堆是个好地方，我们要在那里搞个芦笙坡会，今后年年风调雨顺，五谷丰登，人丁旺盛。"董大王的提议不但得到本族人的拥护，也得到寨上其他家族的大力支持，于是选定农历正月十一为坡会日期。整堆坡会就这样成立起来，一直沿袭至今。

为了报答董大王建坡功绩，每年赶坡这一天，人们请他老人家坐上竹椅，由年轻人抬到坡会，环绕芦笙堂三圈，让人们认识、敬仰。他辞世后，每年坡会期间，人们都举行祭祀供奉仪式纪念他。

坡会全景（贾世朝　摄）

（二）坡会过程

坡会场地设在一片几十亩的旱田中央，中间竖有一根高大的芦笙柱，这是东道主元宝寨竖立的。坡会当天，所有参加活动的各支芦笙队，都围着这根芦笙柱环绕三圈，然后举行祭祀坡场仪式。

人们将猪肉、熟鸭、酸鱼酸肉和糯饭、甜酒等祭品摆放在芦笙柱脚旁，燃烧香根、冥纸，由元宝寨董姓家族德高望重的一位老者叨念祭词。他面朝东方，念念有词：

今天良辰吉日，

我们来进整堆坡，

邀你太阳、月亮神，

下凡与我们共度。

喝三杯苦茶饮三杯甜酒，

太阳显威、月亮显灵，

助我稳固山坡，安定平民，

搞生产丰登，做生意发财，

放马相斗（廖维 摄）

中国民间文艺之乡

家家猪牛满栏，鸡鸭满舍，粮食满仓；

天天有剩，年年有余，男女老幼幸福安康。

念毕，掐少许肉泥，取少许糯饭，盛若干个酒杯，撒于芦笙柱脚；燃烧香根冥纸，鸣放鞭炮。祭毕，邀请周围"坡友"，一起同吃共饮。此时，祭场上，人们相互敬酒、喝交杯酒、喝扯耳朵酒，喊酒阵阵，情谊依依。

之后由芦笙头领吹过门曲，所有芦笙同时演奏，大型坡会踩堂舞开始了。姑娘们穿着精心绣制的服装，披银戴花，美若天仙，格外招人注目。她们排成一个个纵队，一支队挨着一支队，组成百名佳丽行，伴随着小伙子们吹奏的芦笙踩堂曲翩翩起舞，她们动作步调一致，协调整齐，柔美抒情，舞姿优美。跳呀、踩呀，一张张端庄秀丽的脸上，洋溢着节日的欢乐与自豪的神情。

接着，举行赛马。赛马是坡会的传统竞技项目。赛马场上，骑手们头缠

胜利的马王（廖维 摄）

紫色亮布巾，身穿传统亮布衣，脚扎绿色带绑腿，手持各色花鞭，洋溢着青春的活力。随着比赛哨音响起，两骑手跃马扬鞭，齐头并进，快若飞箭，紧张激烈。赛场上，有时两马相互追逐，互不相让，精彩纷呈；有时两马并列狂奔，窄路夺标，险象环生。这既是力量的较量，又是智慧的竞争；既比勇敢，又比骑术；既比爆发力，又比能耐力。真是别开生面，惊心动魄！

坡会还举行斗马、斗鸟、比赛芦笙、苗歌演唱等项目。欢乐的气氛持续到夜色将临，人们才依依不舍地散去。

十、杆洞百鸟衣坡会

融水苗族自治县杆洞乡杆洞村地处广西、贵州两省三县交界，与贵州从江县的翠里乡、雍里乡、刚边乡为邻。地势为冲槽河谷，中间低，两边高，自古属广西罗城县。1952年11月26日成立广西大苗山苗族自治区(县级)将杆洞乡划归融水管辖，成立融水苗族自治县边缘乡镇。

早在清朝乾隆年间，杆洞屯的苗族先民罗氏翻越贵州边境的雷公山到这边打猎，发现这里是一块风水宝地，试着将谷种在这里播种，后发现种在这里谷物长势很好，认为此地适宜生存，遂带家属到此安家落户，成为这里的新主人。

后逐步有兄弟和族人以及其他姓氏如贺氏、吴氏、梁氏和杨氏等的先民迁入，寨子逐步扩大，之后分散在杆洞两边山上落户，杆洞乡遂有以杆洞屯为中心，有归江、锦洞、百秀、松美、必合、高显、党鸠、花孖、高培、尧告等内四外八（外面八个屯，里面四个屯）的格局。传说清末时期，外面土匪曾到离杆洞屯千米开外的松美屯，向杆洞屯上射来一支长箭，以此测试杆洞屯是否可以抢劫，当长箭射到村中间一间房屋的柱子时，杆洞屯先民的领头人亦用长箭捆绑一对草鞋射回，箭穿松美屯房屋柱子，草鞋被夹在柱子上，这个情景吓退了土匪。从此便不再来犯，杆洞屯也岁岁平安、人民从此安居乐业，与外面也相安无事。

后来各屯的人口越来越发展，为了团结村民、增进感情、凝聚人心、共御外辱、促进交流，为人们逢节过年营造良好的快乐氛围，经各屯的头人商议，

中国民间文艺之乡

百鸟衣节里贵州同年吹芦笙（廖维　摄）

每年过苗年期间，各屯都组织芦笙队到"整岜"的地方吹笙作乐，开展芦笙、斗牛比赛，让大家感觉到过年浓浓的快乐的氛围，杆洞的芦笙节从此产生。

自古杆洞屯地处深山老林，以打猎、种田为营生，家家户户猎得的飞禽很多，小孩拿着禽鸟玩乐，鸟的绒毛挂满孩子身上。心灵手巧的杆洞媳妇忽然有了灵感：将鸟毛扎在衣服上要比没有的更漂亮。她寻思着怎样把女孩的衣服做得美轮美奂，又有鸟儿飞一样的动感，使女孩像凤凰般美丽。于是，她一天想出一点，就做一点。在原来粗布衣的背面和袖子上用不同颜色的棉线一针针绣出精美的图案；用线将芦谷的珠子串成一串串的土珍珠，将鸟的羽毛系在珠串上，织在胸兜下；又织成一条条裙带，在裙带里织出一块块美丽的图案来，再将鸟的绒毛系在裙带的边边上，用布带将一条条裙带别起来。想了很久，做了很久，用了几年的时间、织了几十根裙带、织成几百个图案、用几百颗珠子做成几十串珍珠，吊上几百根羽绒，加上各色丝线绣成的花边花帕，几百种图案有机地排列组合，终于完成了一套精美绝伦的绝世工程——"百鸟衣"。其手工之精巧，色彩之斑斓，堪称苗族服饰的极品。这位苗妈妈万分高兴，在芦笙节这天将自己几年心血的成果——"百鸟衣"给自己的女儿戴上。女儿在节日里翩翩起舞，吸引了万众目光，使整个节日轰动起来。从此，心灵手巧的杆洞苗家妇女都用自己的勤劳与智慧编织精美的"百鸟衣"，作为女儿隆重的礼物，或者是出嫁时隆重的嫁妆。

随着时间的推移，男装"百鸟衣"也逐步出现。人们自己织布、染布、裁缝、绣花、镶边、镶挂羽绒、自制珍珠，一针一线地织布条，绣出最精美的花、草、虫、鱼等大自然图案，制作出一件件色彩艳丽、图案古朴的"百鸟衣"，反映了苗族人民精巧的刺绣工艺和独特的审美情趣，有"穿在身上的苗族史诗"之美誉。

每年的芦笙节，杆洞的姑娘、后生们便穿着自己的盛装"百鸟衣"，来到芦笙坪上，后生们潇洒地吹起芦笙，姑娘们就围在吹芦笙的后生们周围，翩翩跳起了芦笙舞，杆洞的芦笙节从此逐步影响到周边更远的村寨，前来参加的村寨也越来越多，"百鸟衣"变成杆洞村芦笙节的最佳看点。

女装百鸟衣上衣和裙带（廖维 摄）

中國民間文藝之鄉

新款百鸟衣（廖维 摄）

  为了与外村联结友谊，杆洞村每年都会邀请周围几十个村寨几十堂芦笙参与坡会。除了杆洞乡各村寨，还有来自周边乡镇的洞头、滚贝一带村屯，更远的还有贵州的村寨一起参加。芦笙坡会成为杆洞村与外界联谊的纽带。

  "百鸟衣"坡会这天，受邀的各村寨都来到杆洞寨边，吹响了三曲进村曲，然后依序排队，等候入场。大约中午12点，作为东道主的杆洞村头人组织入场仪式：铜锣开道，吹笙入场，绕芦笙柱走三圈，举行芦笙祭祀，之后吹笙三曲，受邀前来的十里八寨的芦笙队便依次入场，一时间几十堂两千多把芦笙遍及挤满了坡会。全部入场完毕后，所有的芦笙聚在一起，大芦笙在最中间，地筒、中芦笙、小芦笙依次围在大芦笙周围，围成一个大大的芦笙圆。穿着"百鸟衣"、手持手帕的姑娘们则围在芦笙队的外面，围成一大圈"同心圆"。"民族大团结"的气氛凝结在芦笙坪上。

此时，主寨的引笙响起，所有芦笙跟着引笙同时吹起，笙声撼天动地，人们激情飞扬，愉快的笑容挂满了脸上。姑娘们手持手帕，身着"百鸟衣"，激情舞蹈，坡会现场成了笙的世界，舞的海洋。姑娘、小伙子们的精彩表演最引人注目，小伙子们吹着芦笙，潇洒摆动，时而弯腰踢足，时而跳跃转动，时而金鸡倒立，令人眼花缭乱；姑娘们踏着优美的芦笙曲子，百鸟裙摇曳飘撒，盈盈笑脸，舞姿如云，时而像彩蝶曼舞，时而像锦鸡飞翔。人们里三层外三层围得水泄不通，个个看得如痴如醉。

男装百鸟衣的百褶裙（廖维　摄）

男装百鸟衣全套背面（廖维　摄）

集体表演结束后，大家退在两边，空出场地。这时每个村的芦笙队分别进行表演，将自己的独特演技、民族服饰以及精神面貌一一展示给观众，让大家享受一场盛大的民族文化盛宴。

坡会的另一个场地，同时也举行斗牛比赛活动。杆洞乡的斗牛在苗山是出了名的。斗牛开始时，各队牵着自己的水牛牯从场地两边进入等候。铁炮一

第一章　坡会

响，在尾随助威者一片呐喊声中，牵牛人一放手，两牛四蹄腾空向前扑去，双方角对角狠命抄，额对额奋力撞。刹那间场内尘烟滚滚，两头牛斗成一团，难解难分。助威者的锣声、呐喊声此起彼伏，紧张而热烈。两牛相斗许久，最终一头终于败阵。如此反反复复，几十头牛经过半天的决斗，最后才分出胜负。人们在斗牛过程中大饱眼福，喝彩不断。水牛牯是杆洞乃至贵州黔东南一带，都是整个村子精神和力量的象征。

坡会结束后，东道主把远方的客人都请进寨做客，杀猪宰牛，热情招待，共结情谊，村里处处欢声笑语。第二天早饭后，才依依惜别，送走远方的客人。

男装百鸟衣式样（廖维 摄）

1989年，苗族舞蹈家龙老太会同县文化和民族部门，到杆洞乡举办芦笙舞创作培训班，组建第一支"百鸟衣"芦笙表演队，文化部门的专家参照传统"百鸟衣"的款式，设计制作成新一代的"百

女装百鸟衣的上衣（背面）（廖维 摄）

鸟衣"。尔后，新款的"百鸟衣"很快在苗山各地流行起来。

为了更好地传承和弘扬优秀的民族文化遗产，丰富人民群众的文化生活，杆洞乡党委、政府于1992年农历正月初十，以"百鸟衣"命名，在"整岜"（地名）的地方举办了首届"百鸟衣"芦笙坡会。坡会共有芦笙五十余堂、三万多人参加，盛况空前。由于整岜这个地方离乡政府较远，交通又不便利，坡会前些年改在杆洞乡街边的大田垌中举行，时间也从原来农历正月初十改为正月十二。

如今，每到赶坡那天，人山人海，喜气洋洋。坡会场边、街道旁边，各种各样的杂货棚、成衣店、米粉、饭摊都挤满了人，十分热闹。

"百鸟衣"坡会，是融水西部乡镇的一项盛大活动，有明显的民族地域文化特点和价值。

同"心"芦笙舞（廖维 摄）

中国民间文艺之乡

第一，参与的范围广，参加坡会的人多。据了解，每年参加坡会活动的芦笙队都有三四十堂以上，人数数万之多，场面壮观，正面影响很大。参与村寨有杆洞乡周边的广西融水县各乡镇，也有相邻的贵州省从江县各乡镇。

新款百鸟衣正面（廖维 摄）

第二，活动的组织是由民间自发组织。民间自发组织，是指乡民们遵循祖先的风俗而自发组织落实并付诸实现，没有过多政府行政参与行为，所有的事情都是当地村寨德高望重的老人出面，号召大家为本民族文化事象踊跃捐款捐物，积极参加。据了解，每年参加活动的芦笙队，在活动结束时杆洞屯都要送上一个大红包，作为来往礼物，经费由民间自己负责；远方村寨的客人都请进村子，杀猪宰牛，盛情接待，体现了杆洞屯民超强的组织能力、较好的经济实力以及强烈的民族凝聚力，也体现了杆洞人民的热情与好客，睦邻友好的社交理念。

男装百鸟衣正面（廖维 摄）

传承人在展示女装百鸟衣（廖维 摄）

第三，社会治安稳定。民间的传统节日活动，人们都能根据传统的廉耻礼仪自觉参与，自觉维护秩序，很少甚至没有出现过危害社会稳定或人身伤害的现象。

第四，民族文化亮丽，内容丰富。所展示的民族服饰美轮美奂，融水、贵州的服饰各具特色，让人眼界大开。芦笙与踩堂，彰显民族文化高度的自信。

第五，活动内容丰富。有芦笙踩堂、芦笙比响、斗牛、拉鼓以及苗歌对唱。所有的活动，在不同层面上丰富了人们的娱乐情趣。

第六，坡会活动一代一代地传承。现在，"百鸟衣"坡会有吴学礼等。

"百鸟衣"芦笙拉鼓节全景（龙涛 摄）

十一、整欧坡会

(一) 历史渊源

苗族民间传说，芦笙坡会活动是为寻找恩人而举办的。很久以前，居住于崇山峻岭间的高坡苗寨连续遭受恶鹰的袭击，村民的鸡鸭一只只被老鹰叼走了，人们满脸愁云，一筹莫展。这事被射箭高手亨茂知道了，他下决心一定要为民众除掉这一祸害。

亨茂是个孤苦贫穷的青年，以上山狩猎为生。一天，亨茂路过高坡苗寨时，刚好恶鹰从天而降，冲向鸡群，亨茂眼疾手快，一箭射死了恶鹰，顿时全寨男女老少欢天喜地，拍手称快！一位名叫配确的姑娘更是暗暗恋上了亨茂，亨茂也十分喜欢这美若山花的配确。亨茂返转上山狩猎后，不幸的事情发生了。配确在夜间被山上野鸡精叼走了，被藏在一个距离寨子很远的大山岩洞里。人们四处寻找，都没有下落。一天，亨茂进山狩猎，他走到望无边际的森林中，这时天已漆黑，忽然隐隐约约听到女人悲伤的哭声。亨茂知道有女孩被怪物残害了，决心救出弱女。于是，亨茂隐藏在岩洞下方的密林里，观察怪物动静。第二天清晨，果然不出所料，一只野鸡精从洞中"噗噗"飞出洞口。说时迟那时快，亨茂举起手中弓箭"嗖"的一声射落了野鸡精，他从野鸡精身上拔出两根尾毛插在自己头上，就急匆匆离开密林到别处打猎去了。配确在岩洞里苏醒过来后，知道必定是亨茂搭救了自己，对亨茂更是倍加思念，但她不知亨茂的去向，不知该去哪里寻找他。

为了找到亨茂，配确对父亲说："我们吹芦笙跳踩堂舞，把乡亲们都请来一起参加，共同联欢，那欢乐热闹的场景，还怕不能把亨茂引来？"于是，配确上天请来芦笙师傅，制作了一堂芦笙，召集十里八乡村村寨寨的男女青年一同来吹芦笙，跳踩堂舞，连续欢跳三天三夜。第三天，果然看见一位头插野鸡尾毛的后生来到芦笙坪上，他正是配确日夜思念的亨茂呢！最终配确和亨茂喜结良缘，恩恩爱爱，过上了甜甜蜜蜜的日子。

从此，每逢佳节，苗族地区都举行芦笙坡会，后生们身着亮布盛装，头上插上两根野鸡毛；姑娘们则戴上银簪首饰，打扮得花枝招展，一起吹笙踩堂。

中国民间文艺之乡

一来表示驱邪降福，二来预示找到称心如意的对象。从古至今，这个习俗就一直沿袭下来。

安太整欧坡会也称安太十三坡会，建坡的缘由是：由于历史原因，过去安太地区的芦笙坡会，都是各个村寨自己举办，场地窄、规模小，无法满足民众欢聚一堂的强烈愿望。1985年初，正值全国苗族学术研讨会在融水召开之际，时任自治区民委副主任、苗族作家梁彬，建议尊重安太乡人民的共同心愿，将分散在各地的芦笙节整合起来，在整欧建立乡级芦笙会——十三坡。这个建议得到县、乡领导的一致赞成。3月4日（农历正月十三）中午，梁彬率领全国苗族学术研讨会的全体代表，以及自治县四家领导班子成员150多人前往安太乡整欧，他亲自主持十三坡的开坡盛典。来自安太、四荣、香粉、安陲、怀宝、洞头、红水、良寨等乡镇以及贵州从江县邻近村寨的38堂芦笙2000多名芦笙手一同合奏开坡曲，响声震天动地；打扮得花枝招展的3000多名姑娘伴随着芦笙曲跳起了芦笙踩堂舞，场面宏大，气氛热烈。参加坡会的几万各族民众分享了开坡盛典的幸福时光。

自此以后，每年坡会期间，各地的苗、瑶、侗、壮、汉等兄弟民族都有人

国家非遗标志（郁良权　摄）

芦笙欢歌（周明礼 摄）

来参加十三坡活动。在齐心协力办好芦笙坡会的基础上，大家以村寨为单位相互邀请打芦笙同年联谊活动，共同联欢，增进友谊，融洽情感，使各民族之间形成了平等、团结、友爱、互助、和谐的社会主义关系。

（二）活动过程

节日当天上午，在通往坡会绿树成荫的道路上，人们成群结对，三三两两从四面八方赶路而来，他们有的扛着芦笙，有的牵着骏马，有的提着鸟笼，有的挑着土特产品，有的搀老扶幼，兴致勃勃汇集到十三坡田峒上，人们的欢笑声，骏马的嘶鸣声，鸟儿的歌唱声，青年男女的对唱声，汇成一首悦耳动听的

中国民间文艺之乡

鸣炮开场（廖维 摄）

奏鸣曲……

  平坦的坡场上，竖立着一根根十多米高的芦笙柱，柱上绘龙画凤，精雕细刻着牛角、腾龙、鲤鱼、葫芦、锦鸡等图案，形态逼真，栩栩如生。它是苗族芦笙坡会的重要标志，是苗族团结友爱的象征。

  中午时分，各地芦笙队陆陆续续赶到，缓缓步入芦笙堂。每支队伍由寨老在前引领，紧随着旗手、芦笙头、芦笙手，最后是披银戴花的姑娘队伍。队伍围绕芦笙柱转三圈后，由芦笙头起音一同吹奏合调三曲，笙声震天动地，响彻云霄。接着进行祭祀仪式，各队在芦笙柱脚摆放猪、鸡、鸭肉和酸鱼、糯饭、甜酒等祭品，由寨中德高望重、知书识礼的老者叨念祭词：

    今天良辰吉日，

     天晴地暖，

      万物皆欢；

    我们来进"十三坡"，

带来糯饭、甜酒、酸肉酸鱼，

　　供奉上天、大地、先祖；

　　感谢你们慈恩赐福，

　　苗家才有新生活。

　　请你们吃饱喝足，

　　保佑苗家来年风调雨顺，

　　五谷丰登，人丁旺盛。

祭毕，燃烧香根、冥纸，每人拿一杯祭祀酒，一起高呼："呀——呜，呀——呜，呜！"连喊三声，各自将杯中的酒喝尽。祭毕。

芦笙祭祀（梁志诚　摄）

接着进行坡会的主要节目——芦笙踩堂舞。这属于男女群舞，气氛热烈，场面壮观。每支芦笙队有芦笙五六十把，舞蹈者一二百人。此时，只见后生们手持芦笙吹奏踩堂曲，他们边吹边舞，时而欢腾雀跃，时而左右摇摆；时而往下蹲转，时而仰面腾跳；时而并排向前，时而齐步退后；笙曲抒情浪漫，舞蹈强悍潇洒。身着亮布盛装的姑娘们伴随着芦笙曲翩翩起舞，舞姿轻盈而多变，

芦笙踩堂（廖维 摄）

举步轻快而整齐，百褶裙轻轻摇曳，银簪首饰闪闪发光，令人眼花缭乱，疑是仙女下凡。

下午四时许，开始进行斗马、斗鸟、芦笙比赛、篮球比赛、文艺表演等节目。当太阳偏西时，赶坡人群逐渐散去，远来的芦笙队和客人都走进附近寨子打同年，把寨怀、培地、洞安、培科、大寨等村庄挤得满满的。当晚还举行吹芦笙、苗歌对唱、文艺晚会等节目。

是夜，奇异的婚恋形式——"走妹"开始了。小伙子们相互邀约，三三两两走寨串户到姑娘家，男女青年一起围坐在火塘边谈情说爱，物色对象。有的谈到午夜时分，有的则通宵达旦。夜深人静时，那一阵阵"阿妹心灵又手巧，能绣天上凤凰鸟，凤凰飞上蓝天空，阿哥跟随入云霄"；"阿哥勤劳又聪慧，赛过鲁班妹敬佩，不管阿哥走到哪，阿妹铁心紧相随"的对答歌声，源源不断，不绝于耳。

十二、更喔坡会

更喔坡会在白云乡六百河上游更喔河边田垌，每年农历正月十四由邦阳村上邦屯主办，是六百河及周边地区一个历史悠久的民族节日坡会。

（一）历史渊源

相传四百多年前，白云地区苗族先民自湖南及贵州榕江、从江一带迁徙过来，沿溶江而下经三江县富禄乡培进村、拱洞乡龙令村一带到达白云地区。在六百河周边的荣帽、公和、龙岑、高兰、邦阳和枫木等地先后建寨，后来发展达六百多户，其中荣帽、公和、龙岑等村约三百户，称"内三百"，高兰、邦阳和枫木等村约三百户，称"外三百"，这片河流域始得名"六百河"，沿用至今。

话说当年，六百河一带自然灾害频仍，五谷不丰，人丁不旺。为了使人们生产生活得到改善，改变当时状况，既能增加苗年节日热闹的气氛，又能使青年男女的交往空间得到更大的拓宽。于是，上邦屯的寨老杨供专等去请教风水先生看日子，认为苗年（农历每年十二月巳日，属蛇）过后第九天（即丑日，

坡会全景（廖维 摄）

属牛）是好日子，所以与大家商定从此每年过年后的第九天举办芦笙比赛活动，用芦笙吹起热烈的气氛，让节日更加快乐，也祈求风调雨顺、五谷丰登和人丁兴旺。

却说时间定了以后，每年过苗年以后的丑日，杨供专等寨老就组织大家来到上邦屯更喔河边的一个名叫"党九"的地方举办芦笙会，邀请周边村寨芦笙队前来参加。当时活动是芦笙比响，后来苗族姑娘们也来参加活动，并开始进行芦笙踩堂。由于赶坡的人们逐年增多，"党九"坡的场地就不够用了，于是把坡会迁至坡底河边的"整九"田峒举行，由此形成了"整九"坡会。这就是"更喔"坡会的前身。

在"整九"组织了几年的坡会活动以后，人们的交往有了更多的机会，村屯之间也更加和谐相处了。但是，人们却发现自然灾害和农业生产并不顺利，还是灾害频仍，五谷不丰。久而久之，人们越来越觉得这个坡会地址不够理想。于是，在举办"整九"坡会的第八年，杨供专等寨老们再次请教风水先生。风水先生认为，"整九"坡是好地方，但不是上邦的龙脉，龙脉不唤醒，灵气就不会产生，没有灵气才是生产生活得不到改善的原因。在风水先生的指引下，上邦便将芦笙坡会地址改到寨脚更喔河边一处名叫"能进"的田峒里，之后这个坡会就叫"更喔坡会"。自从改在"更喔"举办芦笙坡会以后，六百河一带的先民，生产顺利，劳作有成，人丁也越来越兴旺。"更喔"坡会就这样一代代流传了下来。

（二）活动过程

上邦"更喔"芦笙坡会在历史上久负盛名，其中耍"精令""蒙耸"是有别于其他芦笙坡会的活动内容，很受人们欣赏。

在坡会前一天，寨上"精令""蒙耸"制作人（有专门传承人）就制作、装扮"精灵""蒙耸"。傍晚，寨老们就组织人员带"精灵"在寨上走一圈，到寨子中央的芦笙土地婆处（少数民族村寨拜祭芦笙的地方）拜祭后返回原处。同时，寨上鸣放铁炮三轮，每轮三响，以此告知周边村寨：明天上邦寨举办"更喔"芦笙坡会！以此让周边村屯芦笙队做好赶坡准备。

举办坡会当天，一大早上邦寨上再鸣放铁炮三轮，每轮三响，周边村寨就确认上邦真的举办芦笙坡会了。上邦寨上组织人员将从村民中筹集到的糯米蒸成糯米饭，连同酸鱼酸肉集中起来。饭菜准备好后，全村老少在寨里的芦笙土地婆处举行祭祀仪式。祭祀结束后，由五六个寨老带着刀剑、茅草挥舞在前面，舞着"精令"从村里出发了。后生们扛起芦笙，抬起饭包、米酒，还有酸鱼酸肉；姑娘们身着盛装、披金戴银；老人、小孩都打扮一番，浩浩荡荡朝更喔坡会走来。各家各户的妇女也纷纷担来糯饭、酸鱼酸肉，准备在坡会上给自家人和村里村外亲戚享用。

周边远近村寨群众、外地客商早已陆续赶来，路边、坡会场边，到处都是赶坡的人群。商贩摆起地摊，有卖生产生活用具的，有卖糖果饼干的，有卖儿童玩具的……一时间，这里便是人头攒动、熙熙攘攘、人声鼎沸。

吉祥物"精令"及护卫（龙涛　摄）

中国民间文艺之乡

"精令"入场（廖维 摄）

按照规矩，坡会活动须由东道主上邦芦笙队首先进场。当上邦芦笙队入场时，铁炮声声，芦笙阵阵，一身红色的"精令"在大家前呼后拥中来到坡会场边。"精令"是狮面龙身的吉祥物，据说是龙和狮的化身，狮面能驱走妖魔邪气，龙身能唤醒龙脉，激活"灵气"。因此，人们便把它奉为神物，在坡会上必须让它先入场，才能增添喜气、福气。在四个寨老引领下，"精令"缓缓入场，芦笙队也紧跟其后。

上邦芦笙队来到坡会后，首先吹响入场曲，"精令"围着芦笙队，绕场三周，进行"暖场"。场面的氛围在铁炮、鞭炮声中沸腾起来。之后，芦笙队和"精令"来到坡会中央的芦笙坪，在芦笙柱前举行祭礼仪式，寨老们烧着香，将米饭、米酒和鱼肉供于芦笙柱前，大家鞠躬祭拜，祈求来年风调雨顺、人民幸福安康！

祭祀芦笙坡会仪式结束后，等待在坡会场边的外村芦笙队相继进入芦笙坪，各自吹起了欢快的芦笙入场曲、合奏曲。合奏曲吹奏完毕，便开始了轻松

欢畅的踩堂曲，姑娘们绕着芦笙堂围成一个圆圈，人数多时可以围成两圈、三圈，跟着芦笙旋律跳起了欢快的"嘎秧舞"（合调）、"嘎坐舞"（踩堂舞），那轻柔美丽的舞姿，犹如仙女下凡。青壮年男子也迎着节拍，合起双手，围在姑娘外围形成圆圈，朝姑娘们相反的方向跳起了踩堂舞。姑娘、后生各自围成的两个圆圈朝着相反的方向转动，不但动静结合，形成优美的形状，让每一个后生在一场芦笙踩堂中多次有机会看到每一位姑娘，姑娘们那花容月貌、妩媚动人，让人十分陶醉。姑娘们也一样，在多次的踩堂中相好自己的心上人。

每一堂芦笙，东道主都会安排一个芦笙坪，各自进行芦笙吹奏、踩堂。之后又可以互相串联，每一堂芦笙队都有部分后生、姑娘到其他芦笙队里边去参与踩堂，体现了村屯之间、民族之间亲密无间、友好往来，更是让不同村屯之间的后生、姑娘有相识、相知、相恋的机会。

再说两个"蒙耸"，是坡会上人们的保护神、"保安员"。当他们发现坡会上有小偷小摸或者其他行为不良的人，就会前去拍一下，让坏人吓跑，保

芦笙踩堂（廖维 摄）

护踩堂姑娘以及坡会上所有人的安全。如今治安好了，这两个保护神依然在保护大众的安宁。坡会上芦笙踩堂、芦笙比响交替进行着，大家愉快地吹芦笙，潇洒地跳芦笙舞，直到太阳快要落山了，人们才渐渐地向四面八方散去。这时东道主上邦芦笙队就组织青年们，邀请当天参加坡会的芦笙队到寨上"打同年"。晚上，寨上家家户户宾客满座，主人拿出自家酿出的美酒、飘香的糯米饭和酸鱼酸肉招待远道而来的客人，大家尽情地喝酒，尽情地唱歌，一直到深夜。晚上，后生们到有姑娘的家"走妹"，大家在交友，在唱歌，在谈笑中交流感情，一直到深夜。

更喔坡会是白云、大浪一带最具代表性的坡会，表现了六百河地区人民对于美好生活愿景的期盼和追求，并以这种精神维系着一代又一代的人一如既往传承下来。"精令"的出现，就是这一内心的充分体现。

十三、古龙坡会

每年正月十六的古龙坡会位于自治县境中部地区香粉乡，距县城35公里。坡会成立至今已有100多年的历史，在苗族坡会中属历史悠久、规模最大、内容最广泛、人数最多的坡会之一。

（一）历史渊源

据《融水县志》记载：清光绪二十年（1894年），香粉寨劳屯苗族头领贾老响，因不堪官府的横行暴敛，为了抵御外来的剥削和欺诈，维护山民的根本权益，他联合当地侗、瑶、壮等少数民族民众头领，集中到今四荣乡金兰村做依直（一种治理苗族社会的无文字法规）。他们举刀枪、饮血酒、订条规、发誓言，矛头一致对外。同时贾老响还发出鸡毛火索急信，派人前往贵州清水江一带请求苗民支援。各少数民族兄弟在贾老响的统一号令指挥下，在今香粉乡大坡一带将前来"平苗"的清柳州府武官覃广马率领的清兵杀得片甲不留，全军覆没。那些盘剥欺诈山民的奸猾商贩也被吓得四处逃窜，被赶出山，山民的合法权益得到了保护。为了纪念在大坡之战中为民族利益而战死的300余名少数民族兄弟，当地民众将他们的尸骨集中埋在大坡村边坡坪上，堆集成一个大大

的坟墓，设坛立碑，决定每年农历正月十五为纪念日。号召各村寨民众到时集中于大坡坡坪上悼念逝者，同时在此交流生产生活经验，举行唱山歌、舞狮、吹芦笙等文娱活动，增进民族友谊团结，于是就有了大坡坡会。

芦笙踩堂（廖维 摄）

大坡坡会成立后，前来赶坡的人一年比一年多，很是热闹。散坡后，住得近的人当天可以返回，住得远要走二三天，若在当地住宿，由于村寨小，容纳不下这么多人，造成各地来的男女青年在坡日相处的时间有限，找不到地方住宿，没有充裕时间与意中人谈心，延伸感情，往往是高兴而来，扫兴而归。再且坡会地址偏离香粉地区中心点，又不是少数民族聚居的地方，许多具有民族特色的娱乐项目没能展现。因此，各族群众特别是青年人，纷纷向时任香粉团总韦兰庭（壮族，古龙寨人）提出要求，建议在香粉一带另立一个坡会。韦兰庭交际广泛，爱好舞文弄墨，吟诗作对，喜唱山歌，在当地颇有名望，是当时名噪一时的少数民族上层人士。他对于人们的要求和建议，表示接受和采纳。清光绪二十八年（1902年），韦兰庭亲自到香粉地区各村各寨游说，召集有威望的各村屯寨老到古龙商议办坡会事宜。韦兰庭说："古龙寨是香粉的中心，我是古龙人，土地是我的，我们就在这里搞个坡会，大坡坡会赶十五，我们就赶十六，这一天老天爷不会下雨。"他的一番话，得到寨老们的一致赞同。开坡当天，韦兰庭还宣布：赶坡结束后，各地远道而来的各民族群众，可以到香粉地区各个村寨留宿，进行打同年、走妹活动，在亲友家中对歌赛歌。他本人还拿出银元，派人到融县县城采购各种商品供坡日群众交换、选购。就这样，一个热闹的、远近闻名的古龙坡会从此就形成了。

古龙坡会成立后，人们纷纷涌向古龙赶坡，去赶大坡坡会的人逐年减少，最终消失停办。

（二）活动过程

古龙坡会会址位于香粉乡政府所在地古龙寨边的坡坪上，整个坡地呈椭圆形，占地九千多平方米，这里绿水环抱，六甲河像条玉带从坡后绕过坡前，坡前坡后青山叠翠，竹林尽染，连绵起伏，景色秀丽醉人。

当地民众将古龙坡视为本民族文化象征。赶坡之前，各个村寨的达亨（小伙子）们忙于制作新的芦笙；达配（姑娘）们精心绣制漂亮的服饰；年老者预约亲朋好友；主妇取出雪白糯米酿好美酒，腌制酸鱼、酸肉，人们为欢度坡会的到来而做好各方面的准备。

斗马（王汉军 摄）

坡会到来这一天，通往古龙坡的各条大路小路，车鸣马嘶，人头攒动。各族群众身着节日盛装，有的肩上扛着芦笙，有的肩上挑着货担，扶老携幼，举家举寨出行，在蜿蜒的山路上向坡会中心点汇集。时至中午，坡会各项活动同时开展。站在高处举目望去，蓝天白云下，坡会上千把芦笙林立，各色芦笙旗招展，头巾晃动，百褶裙摇曳飘散；坡边、街道、河滩两旁摆满各种货摊；如花似玉的姑娘，婀娜多姿地围着芦笙跳踩堂舞；锣鼓铿锵，龙腾狮跃，铁炮、鞭炮交织鸣放，响声阵阵；斗马场上，雄马捉对厮杀，激烈紧张气氛弥漫整个斗场；临时舞台上，文艺演出精彩纷呈；歌坛上，对对男女亮开金腔玉嗓赛山歌；篮球场上，球赛紧张激烈；各色横幅标语，各种科技宣传、信息交流、书画影展吸引着广大群众。

赶坡的人除了辖区内的民众外，还吸引了大批县内外、区内外的来客，港澳台地区、亚洲、欧美国家的朋友、知名人士、专家学者，以及新闻媒体都前来观光、采风，观众达数万之多。坡会成为各族人民互相学习、增进团结、构建和谐、促进交流和尽情联欢的盛大节日。

入夜，灯火像明珠，撒遍六甲河畔村村寨寨，家家户户宾客满座。主客围着方桌，亲切交谈，席间频频举碗交杯，歌问歌答。篝火晚会上传来优美的歌舞曲，火塘边荡漾着青年男女的对歌声。人们将坡会建立的友情推向高潮，在节日气氛中度过不眠之夜。

（三）表现形式

古龙坡会的民俗文化活动内容广泛，具有浓厚的民族色彩及地方特色。其表现形式有三种，一是舞，二是歌，三是竞技。

舞。包括芦笙舞、比赛舞、狮舞。芦笙舞是苗族的象征和民族文化艺术的代表。坡会上的芦笙舞有踩堂舞、嘎秧舞、同年舞等。二三十堂芦笙围成一圈圈，几千男女在舞动，坡会成了笙的世界、舞的海洋。狮舞通过打滚跌扑，舐毛搔痒，望四方、扑四角、登山、钻空穴等动作，刻画了狮子活泼可爱形象，威武、刚毅的性格。

歌。在这个盛会上，人们以歌代言，以歌会友，以歌传情，有的成双结对

在树荫底下对歌，倾吐爱慕之情；有的在大庭广众之下摆开擂台，进行山歌比赛；有的围成一圈圈，在果铃（苗笛）、木叶伴奏下，唱古歌、情歌，婉转悠扬。散坡时，人们唱着相送歌和分别歌，约定后会有期。

　　竞技。内容有斗马、赛马、斗鸟等。斗马，是由上百匹雄马捉对厮杀，通过相互弹踢、啃咬、猛追等取胜对方。赛马，采用分组淘汰赛制，赛道上，两位骑手跃马扬鞭，如箭矢离弦，你追我赶，扣人心弦。斗鸟，上百笼画眉鸟按预赛、淘汰赛、决赛进行。采用隔笼相斗和开笼口对接相斗的方法，直到一方头毛翅毛脱落，发出尖叫声求饶才罢休。

　　这些活动项目都是民族传统文化，从开坡至今一直沿袭下来。随着时代的发展，近年来坡会还举行坡花选美、歌王擂台赛、负重比赛、稻田捉鱼赛等具有参与性、趣味性的项目。

斗马乐（欧阳桂君　摄）

（四）组织管理

坡会的一切活动均由当地村寨德高望重之人，以及乡直机关中有一定活动能力的人出面组织和协调。在当地政府和文化部门的引导下，民众保护坡会民俗文化意识愈来愈高。早在20世纪90年代初就成立有古龙坡理事会，由坡会创办人韦兰庭后裔担任理事会会长，理事二十多人，下设芦笙表演比赛组、斗马赛马组、舞狮斗鸟组、山歌对唱组、文艺表演组以及资金筹集组、后勤接待组、安全保卫组等8个活动组。各组分工明确，职责落实到位，使每次活动从筹备到举行均有条不紊进行，终至圆满结束。

理事会成立之初，向当地政府土地管理部门申请，办理了古龙坡会集体土地使用证，明确规定古龙坡会土地属民族民间传统集会娱乐场地，并勾好线画好图，禁止任何人任何单位侵占使用。为了方便群众赶坡会，理事会积极筹资筹劳，带领群众开通了一条通往坡会场地的盘山水泥公路，在坡会四周植树绿化，还在坡会的坡头竖立了一块介绍古龙坡会历史和创始人韦兰庭生平的纪念碑。

古龙坡会自开坡之日起就一直被本辖区各族民众所认同。一百多年来，年年举办，风雨无改，从不间断。无论是撼山震岳的芦笙比赛或是扣人心弦的斗马角逐，所体现出来的就是民族精神元素，起到了振奋民族精神的作用。如今的古龙坡会知名度越来越高，区内外国内外的朋友慕名而来。坡会已形成民族化、集群化、常态化的文化品牌，成为苗族坡会中一颗耀眼的星星。

十四、安陲芒篙坡会

芒篙是苗族民间传说中的一种神。传说芒篙可以给人们驱邪，可以给人们祈福，芒篙所到之处，处处五谷丰登，接触芒篙的人，小孩健康成长，老人健康长寿，年轻人勤劳勇敢，经商者生意兴隆，患病人百病消除，歹徒能改邪归正。因此，芒篙在苗族人们心目中是保护神、吉祥神、娱乐神，是苗族人民独具特色的传统文化，有着悠久的历史。

成型的芒篙面具（龙涛　摄）

（一）历史起源

　　传说很久以前，元宝山东南面的吉曼一带古木参天，人烟稀少，野兽出没，强盗横行。居住在这里的苗族同胞们种下的庄稼被野兽损坏和虫灾非常严重，收进家的粮食以及养在家木楼底的牲畜、家禽也常常被强盗偷抢，一些凶猛的野兽还时常地伤害牲畜，甚至危及人们的生命安全，人们心惊胆战，人心惶惶，苗胞们生活在一片纷乱恐怖之中。正当人们发愁而束手无策时，一个雷雨交加的晚上，吉曼德高望重的寨主梁德佬做了一个梦，梦见一个头戴面具、身披芒藤草的怪物出现在本村寨，野兽见了就跑得无影无踪，强盗见了就逃，经常做坏事的人见了就躲，它所到之处，禾苗庄稼没虫害、没鼠灾，处处五谷丰登。它抚摸小孩子的头小孩长大了，它跟老人握手老人长寿了，病人接触它病会好了起来，它走到哪里，人们追随、欢呼不断……寨主梁德佬认为这是上天托梦于他来拯救人类、治理社会、保护家园。于是，他依着这个梦，以进山打猎为借口，住进神秘的元宝山，去筹划扮演这个怪物的一切准备工作。三三九天以后，一切准备就绪，当野兽再次猖狂地侵袭、强盗横行偷抢的时候，突然一个头戴面具，身披芒藤草的大怪物从山上奔跑下来，它驱赶野兽，野兽四处逃跑，拼命逃生；他教训强盗和做坏事的人，强盗和做坏事的人被教训得服服帖帖。野兽、强盗被驱赶跑了，做坏事的人乖了。从此，庄稼保住了，粮食有了好收成，六畜兴旺，人们安居乐业。

自那以后，人们非常敬仰、崇拜这个头戴面具，身披芒藤草拯救人类、治理社会，保护家园的神灵。扮演芒篙和芒篙文化从此流传了下来。

芒篙王入场（张耀华 摄）

1988年12月，安陲乡精神文明建设领导小组为弘扬民族文化，挖掘民族文化资源优势，呈递报告乡人民代表大会，要求将"安陲正月十三坡会"更改为"安陲正月十七芒篙节"。乡人民代表大会经过认真酝酿讨论后，于1989年1月成立安陲乡首届芒篙筹备领导小组，当年春节农历正月十七在安陲乡政府所在地金竹沟（以后改在暖平河口）举行首届芒篙节活动。首届芒篙节，参加人数达一万多人，活动内容丰富多彩，受到领导嘉宾的高度赞誉和群众热烈欢迎，成为该乡一次民间活动盛会。

坡会非遗碑（廖维 摄）

（二）活动过程

安陲芒篙坡会这天，四面八方的赶坡人陆续到来。卖成衣的、卖粉的、卖农具的、卖土特产的，叫卖声此起彼伏，人流熙熙攘攘，赶坡的人们慢慢涌进了坡会的场地。12时左右，在锣鼓声中，一群头戴面具，身披绿色芒衣的芒篙从山上下来，他们手持木棍，穿越人流，来到芒篙坡会的场地——暖平河口。

到了坡会场地，首先举行入场仪式。

在锣鼓声、鞭炮声中，一群群芒篙手舞木棍，雄赳赳、气昂昂，在芒篙王带领下绕场三圈，"清理"场地完毕。接着，芦笙队进入场中，吹起三曲入场曲，这时，年轻漂亮的达配（苗语：姑娘的意思）围在芦笙队周围，芒篙也围

中国民间文艺之乡

芒篙下山（龙涛　摄）

芒篙舞（郁良权　摄）

中国百节民俗之乡　广西融水

了上去，从里到外，一圈圈的达配一圈圈的芒蒿，场面壮观，甚是好看。达配和芒蒿共同跳起了芦笙芒蒿踩堂舞，随后，芦笙退出。芒蒿跟着锣鼓声又有节奏地跳起了别具特色的芒蒿舞，他们挥舞双手，左右移动，节奏明快，动作稳健大方，充分展现了粗犷豪放和阳刚之美。

跳完芒蒿舞，大家便与芒蒿开展互动娱乐活动。芒蒿善解人意，手舞足蹈，来到人群中，施吉利于众人：与老人握握手，祝福健康长寿；抚摸小孩的头，祝福聪明伶俐、快长快大；摸摸姑娘的脸，祝福年轻漂亮。无论男女，不论老少，都争与芒蒿接触，得到他们抚摸，讨个吉祥。整个场面，一片欢呼雀跃。

芒蒿活动结束以后，坡会上几十堂的芦笙吹奏起来，身着盛装的姑娘舞起来了，大家舞动着、快乐着，或单堂吹，或一堂接着一堂地吹，或所有的芦笙

芒蒿赐福（张耀华 摄）

一齐吹，千笙齐奏，笙声响彻了坡会上空。

芦笙活动结束后，接着是斗马活动，在坡会场边的田垌中，几十匹斗马整装待发，萧萧嘶鸣。雄马们为了争得母马的爱情，或撕、或咬；或抖、或踢；或扑、或压。场边的人无不感到惊心动魄。经过几十场的搏斗，最后冠军尘埃落定。斗马顽强的搏斗精神给人们留下难忘的印象。

芒篙、芦笙、斗马成了安陲芒篙坡会永恒的主题，人们在快乐中度过正月里的最后一个坡会。

（三）芒篙的传承和发展

党的十一届三中全会以后，在党的民族政策光辉照耀下，芒篙活动得以恢复并得到保护传承。据了解，芒篙发源地安陲乡30户以上的苗族村寨在春节期间都要开展扮演芒篙这一项群众喜闻乐见的娱乐活动（注：扮演芒篙日子一定

芒篙芦笙踩堂舞（龙涛　摄）

要是单日,一般在初五以后,扮演芒哥个数一定为单数,这个传统规矩一直保留)。每当某村寨开展芒篙活动时,左邻右舍村屯的人们就会前往凑热闹,人们不仅能领略到该村的芒篙文化气息,也使该村更加活跃起来,增加了许多节日的浓厚氛围。

芒篙文化的传承和保护,是传承人一代接一代地沿袭下来的。安陲乡吉曼苗寨的村民梁荣华是一位芒篙面具制作师,他从20岁起学习制作面具,经过30多年的不断钻研和磨练,已成为当地面具制作的佼佼者,芒篙文化在他的身上得到传承和保护。2012年他获得全县"十佳民间艺人"称号。

芒篙制作的传承人——梁荣华(廖维 摄)

安陲芒篙文化的兴起,大大地提高了苗族芒篙文化的社会影响力和知名度。发源地的吉曼芦笙队更名为吉曼芒篙芦笙队。该队多次参加融水县庆及芦笙斗马节以及县里组织开展的各种活动。1995年冬,融水苗族自治县在县城举

芒篙的制作：1.选料、锯料（龙涛 摄）

芒篙的制作：2.修初坯（龙涛 摄）

芒篙的制作：3.錾刻（龙涛 摄）

芒篙的制作：4.上漆（龙涛 摄）

办农村业余文艺汇演，吉曼文艺队代表安陲乡参加这次文艺汇演活动，《苗族芒篙舞》便是其中一个节目，由于内容独特，又首次亮相舞台，演出大获成功，荣获了"优秀节目"奖。吉曼芒篙芦笙队还先后到深圳"锦绣中华"民俗村、北京紫竹院文化节进行为期几个月的演出，参加广西"三月三"歌节、广西国际民歌节、香港艺术节等演出。1999年秋，自治县民族文工团在中国苗族舞蹈家龙老太的指导下，编导《芒篙》节目参加在首都北京举办的第六届全国少数民族传统体育运动会，荣获表演项目金奖；《芒篙》节目还参加"南昌国际傩文化艺术节"演出，深受国内外专家学者的好评。

　　随着公众对芒篙文化的认可，为满足广大人民群众的需求，不仅苗族村寨开展芒篙活动越来越多，而且融水东兴、勾滩、长赖等旅游主要景点都有芒篙节目，驻融芦笙队中也有芒篙芦笙队。安陲正月十七芒篙坡会年年成功举办，融水县每年一次的芦笙斗马节都有芒篙芦笙队表演芒篙节目。融水苗族芒篙这一独特文化将得到进一步弘扬并发扬光大。

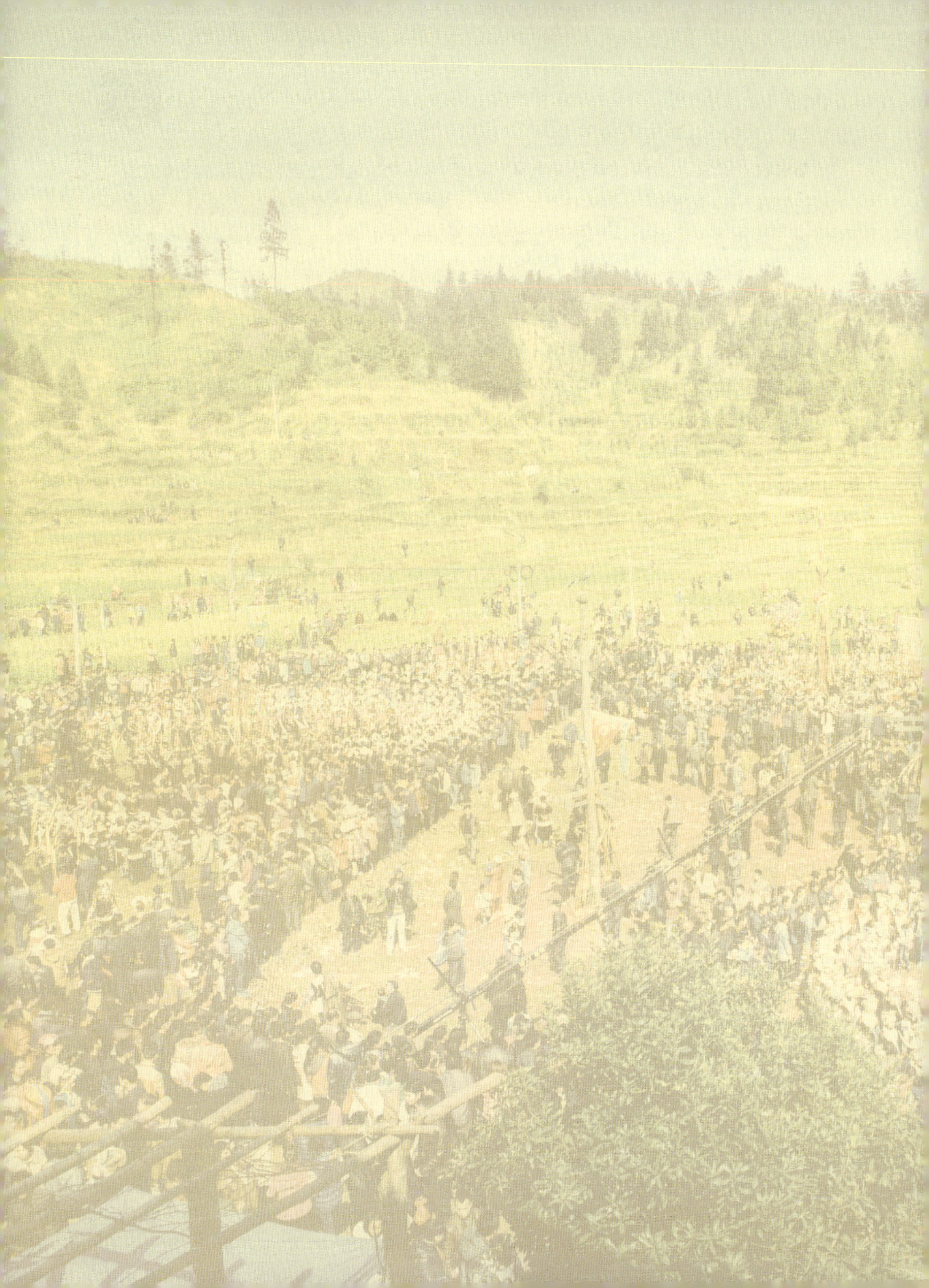

第二章 "节庆"

遍布融水各地，分散在各个季节各个月份的大大小小节日，像一颗颗镶嵌在大苗山的宝石，绽放出耀眼光芒，展示和传承苗、汉、瑶、侗、壮等民族的文化习俗，带给人们欢乐和笑声，召唤着每个成员的心灵和精神。

第一节 节庆综述

　　融水民族风情浓郁，民俗文化厚重，"坡连坡，节连节，笙歌回荡，斗马激昂"，除开系列坡会群之外，融水还有百余个节庆。融水民族节庆由民间自发组织，自觉参与，大部分有一百年以上历史，内涵各异，亮点纷呈、民族韵

味十足，其中最具代表的有苗族芦笙斗马节、苗年、春社、庙会，壮族三月三歌节，瑶族盘王节，良双苗族闹鱼节、拉鼓节等。秀丽多姿的民族节庆是融水各族人民的非常重要的情感和文化载体，是大苗山民族文化的最为亮丽的风景和名片。在节庆活动中，大苗山各族人民融汇互通、交流文化、增进团结、共同进步，凝聚和展现了融水百节之乡民族文化的无限精髓和无穷魅力。

芦笙斗马节盛况（卢志松 摄）

（一）特征

  体现民族饮食文化。新禾节、金秋烧鱼季、黑饭节、红瑶糍粑节等，仅仅从这些名称上就证明融水民族节庆里蕴藏着丰厚的饮食文化，而且，绝大多数传统节日是在古老祭祀仪式的基础上发展起来的，黑饭节是为了祭祀牛，盘王节是为了祭祀祖先盘王，白云双河庙节是为了祭祀三王等等，这些伴随着祭神、祭祖而逐渐形成一种习俗的食物，如糯米饭、糯米甜酒、烧鱼、酸鱼、酸肉等都负载着一种深厚的民俗情感。

酸鱼、酸肉（廖维 摄）

  体现民族服饰文化。苗族青年尤其是青年女性在节庆活动中，身着披银挂带的盛装，向人们展示了一种苗族原生态文化的符号和象征，一部完好的传世无字史书。当今世界，像苗族这样具有形式丰富多彩，色彩艳丽斑斓，款式迥然各异，承载民族历史的服饰，是不多见的。在苗族服饰中的刺绣图案及披戴的银饰纹样里，大多使用蝴蝶、日月、河流、山川、骏马、鸟兽、花草、鱼虫等图案。这些图案显示着苗族人对祖先的缅怀以及对历史的追忆之情。如女性服饰的袖口和腰围及垂吊于胸前的银排上均有蝴蝶妈妈的图像，蕴藏着苗族古老的历史文化源头。那领口、披肩、袖口、胸襟上的水纹（指河流）、回纹（指田园），表明苗族先祖曾经居住在黄河之滨、长江之畔，而头上戴的"骏马飞渡"银帽图案，是由马和骑士组合而成，折射出苗族先民在战争中不屈不挠以及在长途迁徙中的悲壮历程。另外，头上戴的牛角型银冠，包涵着苗族钟情耕牛，说明苗族先民居住在长江中下游流域，那是稻作农耕文化的发源地，牛是当年农耕的主要劳力。至今在苗族节日中，不少地方举行的斗牛活动，以及芦笙柱上雕饰的水牛角图形，就是一种崇拜水牛不畏艰难、顽强拼搏的精神象征。姑娘们雍容华丽的服饰还体现在工艺精湛、多姿多彩的银饰上，如牛角型银冠、银头圈、银项圈、银胸牌、银耳环、银手镯、银戒指……品种繁多，眼花缭乱。姑娘们舞动时，身上的银饰相互碰击发出有节奏的金属音响，与她们含情亮美的舞姿一脉相承，显得十分亮丽高雅，令人赏心悦目，遐思无限。无论是服饰也好，银饰也罢，作为手工艺品，其内在的文化内涵都反映了苗族的历史、民族性格、民族意识、审美情趣等一系列的文化信息，充分地体现了苗族银匠师们的聪明才智，巧夺天工的艺术想象力。

民族服饰（廖维　摄）

体现民族祭祀文化。融水节庆也和中华民族的其他传统节日一样,与古老的祭祀仪式、迎神、驱邪免灾等活动有密切关系。苗族信仰自然宗教,相信万物有灵,不仅崇拜天公地神,同时也崇拜动植物神。苗族关于神的划分有两种,一种是善神,一种是恶神,并区别对待。凡掌管风雨田园,人畜兴旺的神属于善神,为苗族人民所崇拜和祭祀;凡给人间带来灾难、疾病的神都是恶神,必须毫无客气地驱逐出寨。安太正月初一依直、南修芦笙会的"驱邪"和"磨个"活动,就是一种祈求善神护佑,驱除恶神,消灾祈福的仪式。在举行打同年仪式过程中,有一个仪式"讲同年",苗语称之"假支对",有念有唱。"假支对"的内容是追溯苗族先祖从海边(湖边)一路迁徙至云贵高原,又从云贵高原分批不同线路迁散到东西南北各地的艰难创业历程。时间跨度很大,所涉及的地名有几十个,人名近百个,是一部完好的活的传世史篇。讲同年的目的,实质上是为了让活着的人缅怀古人,教育子孙后辈,激励人们在与大自然和谐相处中互利互惠,不断积极进取,勤奋向前。同时又祈求得到大自然和先祖的护佑,达到增强本民族的团结,共同努力发展生产,建设美丽家园,创造美好生活,让子孙后代永远牢记苗族的历史与文化,不要辜负先祖们的期望。

体现民族团结和谐理念。作为苗族文化最为集中展现的各个节庆,不仅能激发苗族人民对本民族文化的认同感、凝聚力和向心力,同时也吸引了当地和外地各民族群众的广泛参与。活动期间,各民族兄弟在一起参加各种文娱体育活动,分享欢乐愉悦气氛。在饭桌上共进同年餐,同喝团圆酒,齐喊"呀——呜"声,让人们体验到苗家人好客爱友、待人真诚、善良仁厚、心胸宽阔的性格,从而加深了本民族之间,苗族与其他兄弟民族之间的交往、沟通和了解,促进了多民族之间的融洽与团结。

体现民族商贸文化。融水百节期间,商贾云集,香鸭、香猪、香糯、香菇、糯米柚、灵芝、酸肉、酸鱼和银手镯、银头饰、银胸排等食品和民间工艺品交流异常繁荣,丰富了融水节庆的文化内涵。

(二)价值

促进民族团结。在融水传统节日中,通过打同年、探亲访友等活动,密切

人与人之间、村寨之间、民族之间的关系；通过节日的巡游、芦笙的吹奏、斗马的争斗，释放民众内心的情感、期望，从而加强相互之间的情感依赖和精神交流，使融水民间的民族关系更加和谐、团结。

丰富群众生活。调节群众生活是节庆活动的一项社会功能。千百年来，由于历史上复杂原因，苗族群众负担重，过着艰苦的生活。闹鱼、斗马是放松心情，释放压力的最好方式，因此很受群众欢迎。年轻人也在这样的环境中寻到了自己的对象。

增强民族自信。一方面，通过节日，一个民族可以用交流的方式向其他民族展示自己的特色，弘扬本民族精神；另一方面，不同民族的人聚在一起庆祝节日，能增进民族认同和文化认同。

促进人与自然的和谐。天人合一，春祈秋报是融水百节根植于古代农耕文明的主要形式。融水几乎每个节日都是一个节气，它是融水各族人民在长期的农业生产实践中总结大自然的规律而逐渐产生的。在节日的选择上体现了人顺应自然的理念，让民众依照自然节奏、适应气候周期进行农业生产。如在春分第二天过春社、农历六月过新禾节、农历四月过黑饭节等等。

传承民族传统伦理和礼俗。在融水民间，很多节日有关祖先的祭祀仪式，以表达对先人的怀念和孝敬之情。融水民间节日还具有协调社会关系、增强成员凝聚力的道德功能。节日中包含的各种礼仪，实际上是一种道德约束，而这些约束又体现在人们的日常生活中，成为人们生活中伦理道德的一部分，所有的人都要遵循此种伦理关系，遵守其内含的道德要求。

弘扬民族文化。人们在举办节庆时，一般都有丰富多彩的文化活动，精美的服饰，悦耳的山歌对唱，多姿多彩的芦笙舞表演、芦笙吹奏比赛、斗马斗鸟比赛等等，构成一幅立体的文化画面，是一个盛大的民间文化"博览会"。人们在这个"博览会"上尽情地欣赏、学习、交流，更重要的是通过这个窗口，让外面人了解融水，让融水人接触外面的世界，使民族文化得到传承发展和发扬光大。

促进民族商贸的发展。历史上苗族是一个自产自销的农耕民族，商贸意识淡薄。随着时代的发展，人们的思想观念逐步得到改变。节庆期间开展斗马、芦笙比赛等活动，无疑是给民族商贸的发展提供了重要的平台，加快了社会经济发展的步伐。

第二节 重要节庆

一、芦笙斗马节

在融水，苗族人民与侗、瑶、壮、汉、水等民族人民居住在一个区域内。在长期融合的过程中，相互间所进行的村寨交往、恋爱婚姻、年节庆祝等活动上，

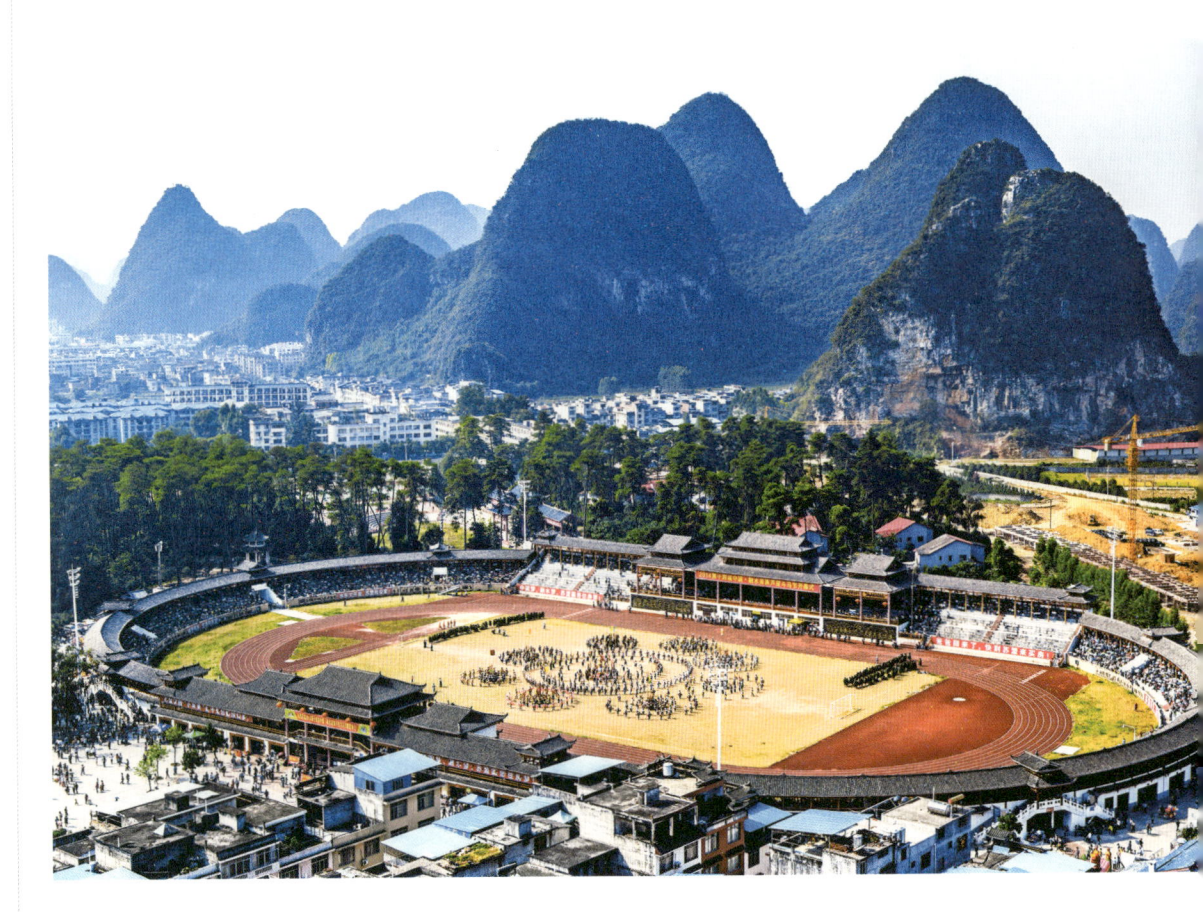

开幕式全景（廖维 摄）

往往都要举行芦笙吹奏，这已形成融水民间交往的十分特殊的民族文化形式。

同时，斗马也是苗族群众的传统娱乐活动，群众举办的芦笙活动一般都有斗马比赛。因此，芦笙和斗马这两个苗族人民的文化活动，常常合在一起举办，就形成了苗族芦笙斗马节。

为了更好地传承和弘扬民族文化，更好地加大宣传力度，1987年，融水苗族自治县人民政府把县庆日11月26日定为全县性的"芦笙•斗马节"，并在县城举办。1991年，潘朝模带领融水斗马队参加在广州天河体育中心举办的中华百节博览会上的表演活动，获得国家民委、活动组委会颁发的"中华一绝"荣誉。从2001年起，"芦笙•斗马节"更名为"中国•融水苗族芦笙斗马节"。2010年11月6日，融水被中国民间文艺家协会授予"中国•芦笙斗马文化之乡"称号。2014年，苗族芦笙斗马被列入自治区级非物质文化遗产代表性项目名录。至2016年末，融水共举办了十六届中国•融水苗族芦笙斗马节。节日期间，活动项目有大型芦笙踩堂舞、芦笙比赛、斗马比赛、斗鸟比赛、民歌演唱以及农产品展销活动。2017年5月25日下午，自治区十二届人大常委会第二十九次会议批准新修订的《融水苗族自治县自治条例》（下称自治条例），由融水苗族自治县人大常委会公布实施，规定每年公历十月二十八日为自治县芦笙斗马节，放假一天。

（一）芦笙

一把芦笙由笙嘴、笙斗、音管、共鸣筒组成。完成一把芦笙的制作，一般都要经过如下几个步骤：

选竹。制作芦笙需要的竹子是有讲究的。选竹要选制作芦笙专用的芦笙竹和楠竹。芦笙竹首尾均匀，表皮坚硬光滑，不易生虫，是制作芦笙音管最理想的材质；楠竹则是用来做共鸣筒的理想材质。

煅制簧片。簧片是芦笙最重要、最关键的部分。没有簧片，也就不成芦笙。传统簧片的制作是把黄铜放在炉火中煅烧，再锤打成适合需要的薄片，再用专用的凿子和钳子把薄片切割成各种音调所需的厚薄度。安装时打磨、抛光即可。

中国民间文艺之乡

芦笙的制作：选竹（廖维 摄）

做音管。音管是芦笙的重要组成部分，可根据芦笙的种类、长短和大小来决定。一般先经过火烧、煅压、抛光、钻孔几个程序。一般每根音管都开两个

选簧片（廖维 摄）　　　　　　　　切割簧片（廖维 摄）

刮磨簧片（廖维　摄）　　　　　　　制作音管——开簧孔（廖维　摄）

制作音管——装簧片（廖维　摄）　　制作音管——单管试音（廖维　摄）

制作音管——装音管、开音孔（廖维　摄）　　制作音管——装音管、磨音孔（廖维　摄）

中国民间文艺之乡

孔，一个孔用来装簧片，另一个孔用于吹奏，两孔之间要有适当的距离，使一孔插在笙斗内，一孔在笙斗外。根据不同类芦笙、不同调式的需要，每把芦笙都装上6 1 2 3 5 6六个音阶的簧片，每根音管装簧片的同时，要与标准音管调好音准，方算完成。

做笙斗、笙嘴。先取适合大小

制作音管——开音管（廖维　摄）

制作笙斗1（廖维　摄）

制作笙斗2（廖维　摄）

制作笙斗3（廖维　摄）

制作笙斗4（廖维　摄）

制作笙斗5（廖维　摄） 　　　　　　　　制作笙斗6（廖维　摄）

的长方体木质材料，修其外形，使之初步具有斗的外形，然后对半破开，凿空其腹，外修其形，使之形成斗状。笙斗的前端，也凿通成管状，然后用胶水将两把粘合，且缠以白藤箍紧，使气不外泄。朝上部和下部两面，凿空六孔，以备插入音管。最后用一短竹筒紧接尖锐处的管口，笙斗便算完成了。

制作共鸣筒。根据大、中、小芦笙的需要，制作大小不等的共鸣筒，用砂纸抛光即可。

组装芦笙。当音管、笙斗、共鸣筒制作停当之后，把音管按照音阶的排列顺序插入笙斗，套上共鸣筒，一把芦笙便大功告成。2014年，苗族芦笙制作被列入自治区级非物质文化遗产代表性项目名录。

制作共鸣筒（廖维　摄） 　　　　　　　　安装共鸣筒（廖维　摄）

传统芦笙为六支管笙，故亦称为"六管"。大号的称母笙，中号的称伴笙，大、中号的只有三支管装上簧片，只发６１２三个音阶；次中和小号的六支管均装簧片，能发６１２３５６六个音阶。其制作工艺颇为精良，由笙斗、笙管、笙簧和共鸣筒几个部分组成。笙斗用杉木挖制，笙管以金竹为材料作发音管，一端装上铜簧片，插入斗腔，另一端套上共鸣筒。各管根据发音不同而长短不一，音调越高笙管越短。每根管开一个发音孔，供吹奏时使用，将手指头封住发音孔，声音即停止。六根笙管中，靠外的两根发１２音，中间的两根发６３音，内里的两根发５６音，６为主音，其余为辅音。芦笙共有十二种音本调式，各种音本调式吹出的音调高低不同，每堂芦笙只能用一种音本调式，否则吹奏发出的声音相互混杂和抵消声音，不和谐，不洪亮。经过改良的芦笙有九、十一、二十一管不等，可吹奏各种旋律或转调。芦笙可以同时吹奏两个以上的和音，常见的有四、五度和三、六度等，技法上以连续打音与舌头颤动相结合形成的滚动效果尤为优美动听，其余亦用连吹、单吐、三吐等技巧。

试音（廖维 摄）

制作完成试音（廖维 摄）

从音调上，芦笙分为母五、六、七、八、九和五六、六七、七八、八九、九五等十种类，其中前五类音调最低，后五类逐级提高，声调最高为九五类。由于声调不同，前五类声音低沉柔和，容易吹奏；五六、六七、七八类声调居中，吹奏起来十分

试音标准管（廖维　摄）

动听，是人们最喜爱的芦笙类型；八九、九五类声音硬朗，十分高昂响亮，故此类芦笙多用于比赛。

从功能上，芦笙分为特大号、大号、中号、次中、小号和地筒。

传统芦笙曲调有引曲、踩堂曲、合调、同年调、赛曲、送亲曲、迎亲曲、走寨曲、弯曲、长曲、混杂曲、骂人曲等几十种，县境内各地的曲调稍有差异。

一堂芦笙，至少二三十把，多则上百把。各种型号的把数和作用也不同，按其型号和作用，一般一把大芦笙要配三至五把中芦笙、一个地筒、一把小芦笙、一个芒筒。小芦笙主要起引导作用。每堂芦笙吹奏的曲子、节奏、舞步都由芦笙头决定；中号芦笙占的比例最多，也是整堂芦笙力量的体现；大芦笙震响压群；芒筒双管单孔，其作用是通过自己的合音将其他笙音汇集起来并传到高空，增强笙音的穿透力和震响力；地筒是把一根笙管插入大竹筒，用绳子固定，其声音浑厚，一吹地动山摇。整堂芦笙齐吹奏，声音响彻云霄，震撼山岳，如同排山倒海之势。

苗山芦笙之所以涵盖区域广，芦笙活动参与人员众多，世代相承，长盛不衰，深受各族人民喜爱，是与其制作精良分不开的。在多姿多彩的芦笙活动中，芦笙制作是首要一环。在长期的芦笙制作过程中，出现许多为人称道的芦笙制作名师，苗族群众称"古桑嘎"（芦笙师傅），以下两位是他们之中佼佼者：

梁炳光，生于1939年2月，安陲乡乌吉村岩板屯农民。从16岁起拜师学艺，20岁自备制笙工具，独立制作芦笙。四十多年来，经他制作的芦笙有五号、五六号、六号、六七号、七号、七八号、八号、八九号、九号、九五号等十多个型号，数量累计达三百多堂一万多把。

他制作的芦笙从安竹管到配共鸣筒，从装铜簧片到挖斗壳（即共鸣箱），所用的材料都非常讲究，制作工艺细腻光滑，音准音质稳定不变，具有造型美观、音色圆净洪亮、经久耐用的特点。他不仅芦笙制作得好，而且还吹得一手好芦笙，是当地有名的"芦笙头"。从1994年起，融水百鸟衣芦笙表演队到北京参加第一、第三届竹文化节，到深圳锦绣中华民俗文化村演出，以及百鸟衣芦笙艺术团代表广西赴香港地区演出等都用他的芦笙，每次出演无不大获成功，载誉归来。

民族文化进校园：芦笙制作传承人梁炳光在县民族中学教学生吹芦笙（龙林智　摄）

梁庆丰，生于1943年5月，四荣乡荣塘村翁牛屯农民，高小文化。少年时代起随伯父向前来荣塘一带制作芦笙的贵州省黎平县龙南村原平师傅投拜学艺，20世纪60年代初与堂兄梁正治联手开始芦笙制作，70年代末独立师门利用秋后农闲季节制作芦笙，搞家庭副业，走上了脱贫致富之路。

他勤奋好学，技艺超凡。所制作的芦笙，以手工精细、色泽光洁、造型美观、声音洪亮、吹奏轻松、品种多样等特点而远近闻名。他的芦笙型号有：五号、五六号、六号、六七号、七号、七八号、八号、八九号、九号、九五号。每号有三音、六音、天筒、地筒等，后来他经反复研究，虚心向外地文化部门的芦笙师傅学习，还制作出能吹奏现代乐曲的十多管音，甚至几十管音。不仅大苗山区苗、瑶、侗族群众使用他的芦笙，甚至县城的县文工团、芦笙协会、各学校，乃至柳州市、自治区文艺团体也都曾使用。他的芦笙曾到广西区内外多个大城市演出，深受组委会专家和城市群众的好评；1991年第四届全国少数民族传统体育运动会在南宁举行，他制作的一堂一百七十把芦笙、有二百五十人参加表演的大型芦笙广场舞，获得了优秀表演奖；他的芦笙还远销日本、泰国、新加坡、马来西亚、荷兰、美国等国家。

开展芦笙斗马活动时，人们都要在芦笙堂中心围绕芦笙柱吹芦笙、跳踩堂舞。相传古时候，芦笙堂上并没有芦笙柱，由于堂大人多，休息时候，七八米高的大芦笙无处可傍，放下来横到别人的芦笙堂里，为此闹出不少争吵，影响四方的团结，给芦笙节日投下阴影。后来为了方便吹芦笙，人们便在堂中立一根杆，作靠挂芦笙之用，苗语称为"东嘎"，以后逐步演化，人们根据村寨群众的喜爱给芦笙柱赋予了新的艺术内容，从而使它成为芦笙文化中一个重要载体。芦笙柱，是用一根圆条杉木做主柱，经绘龙画凤，精雕细琢，精制而成。一般柱高约九米，不仅用于挂、靠、停放芦笙，还具有深刻的含义和丰富的思想内涵。其柱脚是雕刻别致的石墩或铜鼓，用于堆砌稳固柱子，刻有诗对和竖立日期，象征着社会稳定，人民安居乐业；底层搭两根十字架，用于旁靠大芦笙、悬挂中小芦笙，象征着四村八寨共同联欢，和谐相处，友好往来；柱子中是一条腾跃的飞龙，象征着苗家人有理想、有抱负，追求美好明天；中层是一对水牛角，象征着苗家人如同水牛一般，诚信忠厚，勤劳朴实，豪爽好客；靠

中国民间文艺之乡

顶端处是一个葫芦，象征着苗家人生活富裕，有酒有肉，吃喝不完；顶端是一只张翅的锦鸡，象征着苗家人向往未来，寻求发展，展翅飞翔。整根柱子雕龙画凤，色彩斑斓，古朴典雅，绚丽多姿。它是苗族人民团结友爱，和谐相处的象征，是每个芦笙坪必不可少的物体。

芦笙柱上的多种雕饰，每种都有来历。

顶端立有一白锦鸡模型。传说古时候地上没有鼓，天上才有。天上打鼓很热闹，天下人每年都上天看热闹，把小孩丢在家里，经常发生意外事故。一天雅由大妹仔被虎咬，人们跑下来打虎救人，挤断天桥。此后，天上人间无法再往来。天上人见人间日子太枯燥，就把鼓放下来，谁料鼓卡在悬崖间，人们四处寻找不见，锦鸡就把鼓的下落告诉了人们。但人们攀不上，还是白锦鸡把鼓拨下来。为了纪念锦鸡的功劳，拉鼓时鼓主家族都头戴锦鸡的外壳；拉鼓回村时，鼓主家年轻的媳妇也都头戴锦鸡的外壳去踩堂；同时把锦鸡模型安在芦笙顶端上，以此表示感谢锦鸡的恩德。

苗族芦笙柱（廖维 摄）

苗族芦笙柱（廖维　摄）

　　柱子上都有一对水牛角模型，也与锦鸡传说有关。话说锦鸡把鼓从悬崖上拨了下来，不料掉进河里，人们到处找不见，有只水獭告诉人们鼓的下落。人们请水獭拿绳子去把鼓系紧，请水牛拉上岸。为了对水牛表示怀念，把牛角系在鼓主的屋柱上，还要用水牛角盛酒喝。芦笙柱上的那对水牛角模型便是为了纪念而设的。

　　整根柱子画着或雕着一条头朝下的龙，那意思是地上的龙、水里的龙，都朝我们寨子来，我们寨大吉大利，人丁兴旺，五谷丰登。那么水獭呢？它也有功劳啊！人们对水獭也有答谢，传说每年八九月间，都让水獭到田里，捉放养的田鲤。但只准水獭每条吃一截，留一截给人。现在水獭捉田鲤吃都是吃一截留一截，就是从那时传下来的。

　　芦笙柱一般都竖在芦笙堂的中央。

（二）斗马

苗族自古有养马、爱马、玩马的习惯，关于斗马的历史渊源在民间中有两种传说：一种如香粉乡梁光明（斗马协会会长）所说。五百多年前，有位居于元宝山麓的苗族部落首领，老来得女，年方十六，生得如花似玉，心灵手巧，能歌善舞，部落首领爱如掌上明珠，姑娘的美貌和聪慧引来了无数未婚者，其中不乏家道殷实、风流倜傥的少年，众多托媒提亲者连门槛都踩平了，但是首领取舍难定，于是，将姑娘的终身大事交给女儿定夺。姑娘想出一计，决定采用斗马招亲，选择如意郎君。因为姑娘崇尚的就是"斗马精神"。在激烈的搏斗中能夺魁的马匹，犹如马主其人。姑娘正是用"以马喻人"的办法解决了自己的婚姻大事，成就了自己美满的姻缘。另一种如香粉乡雨卜村80多岁梁公的介绍。

斗马现场（廖维　摄）

相马（廖维 摄）

　　相传在一百多年前，斗马只在有钱人家之间进行，逢年过节，他们互相邀约，骑马赴会，以斗马取乐。随着时局安定，战乱减少，苗族群众得以休养生息，斗马娱乐不再是富有人家的专利，由此在民间广泛流传，逐渐演变成一种集观赏、娱乐、青年交往和体育竞技于一体的民俗文化活动。1991年，苗族干部潘朝模带领融水斗马队参加广州天河体育中心举办的中华百节博览会，获得"中华一绝"荣誉。

　　马，在全国各地都有，但只有融水存在斗马活动。用来相斗的马，都是通过严格筛选，加以驯化，才能斗得"狠"，才能显血性，所以"相马"很重要。

　　斗马的来源有买的，有母马配种生的，也有交换养的。选马时，要选脾性烈的，马才好斗；要选眼骨框架鼓起的，马头要瘦的，马脸肉少，才不容易被咬；鼻子要勾形的；嘴巴要尖，牙齿要上下均匀对得正，咬着对手才有力，才痛；马腿要干、瘦、直，行动才灵活；毛皮要粗糙而有光泽，显得粗犷，才经得咬，经得痛；马眼要明，马的眼睛里要看得见人影，否则，那马是瞎马，斗不得；马身要健壮，结实，才有力量。这样的马，只要稍加训练，都会斗得"狠"。

相得好马以后，还要精心喂养。马是杂食动物，以草料为主，外加麦皮、玉米粉、谷糠各适量，每天喂早晚两餐，一天喂草二十斤，每餐喂谷子、麦皮、玉米等精粮各半斤至一斤。最主要是夜晚这一餐，吃完后，马的活动少了，容易长膘，"马无夜草不肥"就是这个道理。有些斗马人在比赛前喂鸡蛋拌糖，或者鸡蛋拌盐，还有喂草药给马吃的。每天要安排时间给马兜风，舒活舒活筋骨，抖擞抖擞精神，这样也会增进人与马的感情！

斗马还要驯性。驯性主要是培养马的野性和烈性，还有耐性和灵活性。养

配马饲料（廖维 摄）

喂马（廖维 摄）

遛马（廖维 摄）

马过程中，不但要让马参加劳动，以增强体格和活力，还要经常野放，把马放到野外，用长绳系在树桩上，任它自由跑，以增强马的肌肉韧性，还有耐性和灵活性。经过风吹雨打，马的皮肤变得坚韧，就会经得痛。比赛前一两个月，还要将它放在山上浪养，以增强它的野性和烈性，这样的马就很好斗。每次参加斗马比赛，只要一松缰绳，就是一匹脱缰的野马，勇猛而善

参加必要的劳动（廖维 摄）

斗马（王汉军 摄）

斗马争锋（卢志松 摄）

斗。但是，平时不能让斗马与其他马接触。

斗马，一般都在固定的斗马场上进行。斗马的规则和其他竞技比赛一样，采取单淘汰制。一般都经过初赛、复赛和决赛三个阶段。斗马时，首先由一位骑手将一匹母马牵进场中，然后，由两个马主分别牵着自己的斗马一先一后与母马"相认"。接着松开缰绳，两匹斗马为抢"女朋友"而"大打出手"。刹那间，尘土飞扬，展开激烈争斗。双方使出踢、咬、摔、压、抖等招数，专找要害的地方咬、踢，尽显烈性和血性！

在比赛过程中，哪匹斗马靠近母马的时间长，机会多，就算赢。如果两马久斗难分输赢，即判为平局；倘若交锋数回合后，一方败走则为输；如果马一接触对方就回避，也判为自败。斗马结束后，场上鸣炮放枪，吹奏芦笙，主持者为获胜者披红绸花，颁发锦旗、奖状，斗马比赛才算结束。

斗马，是融水境内以苗族为主的各民族集体聚会娱乐的民俗竞技文化活动。在多数年节坡会中，它是重要活动内容之一。斗马，已成为融水促进民族

斗马颁奖（融水文联提供）

中国民间文艺之乡

来往，增强民族团结和友爱的重要载体。

（三）活动过程

每年的芦笙斗马节这天，四面八方的各族同胞向主会场聚集（现在确定在民族体育公园举行），人们身着盛装，兴高采烈地在场内等候芦笙斗马节开幕。九时许，由县芦笙队、各乡镇芦笙队和学生、文艺队组成的游行队伍，身着盛装，吹着芦笙，敲锣打鼓，浩浩荡荡地从大街向主会场走来，有序地绕场一周，拉开了芦笙斗马节的序幕。

十时整，芦笙斗节开幕式正式开始，县领导洋洋洒洒、激情飞扬地作了致辞，并宣布活动正式开幕。

首先进行的是芦笙祭祀。会场中央立起一根高大的芦笙柱，柱子底部摆放着猪头、鸡、鸭、鱼三牲祭品。由几十位寨老组成的祭祀队伍在浑厚庄重的祭乐声中缓缓走进场内。他们手拿芭芒草，在头人带领下，围芦笙柱跳祭舞三圈后，集体祭拜，三鞠躬！以八字形排开，头人主持念理词，说祝福语，然后各

芦笙祭祀（马青山 摄）

大型芦笙踩堂舞（廖维 摄）

人喝完碗里的酒，芦笙祭祀仪式结束。

接着，"中国·融水苗族芦笙斗马节"的主题——千人芦笙踩堂舞开始了。由芦笙头吹着引子走在最前面，小芦笙、中芦笙、大芦笙、地筒及踩堂姑娘依次跟随进场，以芦笙柱为轴心，围个里三层、外三层。在芦笙头的领吹下，所有芦笙同时吹奏，姑娘们手持鲜花或彩扇，舞动着，笙声雷动，响彻苗山体育场的上空。接着，后生们又吹起了踩堂曲，曲曲悠扬婉转，荡气回肠！姑娘们踏着舞步，舞动着鲜花和手巾，跳起了踩堂舞。那漂亮的舞步、美丽的盛装，让人目不暇接，眼花缭乱，美不胜收！一幅民族团结的生动画面顿时呈现在眼前。紧接着，进行芦笙舞表演，各堂芦笙不断变化队形，充分展示了芦笙文化魅力的精彩画面。然后，将苗族重要的文化元素——芦笙打同年、芒篙舞等一一展示，给观众送上一道民族文化盛宴！

林荫下的斗马场、斗鸟场和斗鸡场内，斗马、斗鸡、斗鸟也开始了。

中国民间文艺之乡

芒篙舞（廖维 摄）

斗马场内，只见马蹄奋起，马嘶萧萧、尘土飞扬，难解难分，在母马的"献媚""逗引"下，上百匹雄马成双成对为爱情而厮斗着，咬、踢、弹、压等动作精彩不断。场边，人头攒动，阵阵喝彩不绝于耳；林间树荫下，啼鸟谷谷，采采丽容，咬咬好音。斗鸟时，先将两个鸟笼紧挨着，掀开笼布，隔笼相斗，这只鸟叮着那只鸟的头，或嘴对嘴互叮，或撕扯对方的羽毛，你来我往，毫不示弱。比赛中如果两只鸟势均力敌，便将笼口对接，笼门开通，两只鸟一攻一守，一退一进，或对扑而来，咀啄爪抓，滚作一团，从这笼斗到那笼，又从那笼斗到这笼。从鸟的身上看到了灵性动物的血性，看到了搏斗的顽强意志。

人们在这里静静地观赏着斗鸟、斗鸡比赛，专注的眼珠像要爆出来似的。

主会场的另一侧，举办着美食展览。在一排排的摊位上摆满了苗岭间的精美食材：有国家地理性标志产品融水香鸭、糯米香柚；有国家生态原产地产

斗鸡（章一明　摄）

斗鸟之前·候赛（廖维　摄）

第二章　节庆

117

中国民间文艺之乡

斗鸟现场（廖维 摄）

斗鸟（廖维 摄）

品野香菇、野生茶、火烧笋、干笋、黑香猪、香牛、禾花鲤、酸鱼、酸肉、酸菜、香糯、黑糯、辣椒；还有地方特产重阳酒、煨酒、烤香猪、猪血肠、五色糯米饭、竹筒饭、苗乡油茶、艾糍粑、石头鱼等，应有尽有，食材的色香味令人垂涎不已。

原生态农产品（廖维 摄）

这一天，人们都沉浸在一片欢乐之中。

芦笙斗马节是芦笙坡会文化活动中主要内容之一，它具有与芦笙坡会同等的文化内涵以及特有的价值。刘锡蕃的《岭表纪蛮》对苗族族群性格有过这样描述："动若烈火，静如深渊"。所谓"静"即柔情似水，"动"即刚烈勇猛。苗族群众之所以酷爱斗马，崇尚的就是不屈不挠，剽悍勇敢的"敢斗"精神。斗马活动是民族社群在文化上认同，在感情上沟通而发展形成今天的格局，在相当程度上起到增强民族的凝聚力，振奋民族精神的作用。

二、芦笙同年节

融水苗族芦笙同年节的打同年习俗蕴藏非常厚重的文化内涵，对社会的文明与进步产生着积极的影响作用。2016年，苗族打同年被列入自治区非物质文化遗产代表性项目名录。

（一）来历

芦笙同年节的打同年活动是融水苗族历史上比较悠久的一种传统习俗，通常在苗年、春节期间举行，苗语称为"阿支对"，这里的"阿"其意相当于汉语中的"结"或"交"，"支对"即兄弟或朋友，连接起来就是结拜兄弟、结交朋友的意思。这种结交从意义上来说，与汉族的"交同年""结同伴"，与瑶族的"打老庚"，侗族的"耶伴"大致相同，就像兄弟一样往来不断，关系密切。所不同的是，苗族的这种结交打同年，不是一对一，个对个，而是群体性的，是以村寨为单位，一个寨子和另一个寨子"结交"打同年，以吹芦笙和跳芦笙邀请舞的特殊方式来表现的，故苗族又称为"阿支对嘎"。"嘎"指芦笙，这就是人们通常说的"芦笙打同年"。在这种特定的场合下，同年双方的人又相互称对方为"支对嘎"，即芦笙兄弟。

芦笙打同年的起源传说是三国时期，战乱纷纭，西南少数民族中有一位苗族头人带领苗兵抵抗蜀军，蜀国军师孔明率兵征讨，降服了这位苗人头领。孔明为了消除战争祸害，巩固蜀国对辖区少数民族的治理，宁息苗民的抗争情绪，就采取了各种安抚办法，其中之一就是教苗人做芦笙来吹响娱乐。苗人砍

来六根竹子做芦笙，可是吹起来嗡嗡响，声音高低不清，不好听。做芦笙的师傅把芦笙丢弃在野外的杂草丛中。过几天去看，竹管被竹鼠咬成了洞眼，管子也被啃成长短不一，捡起来用手指按住洞眼吹，突然吹出不同的声音来，芦笙师傅高兴得不得了，于是，照着样子在竹管上开了洞眼，终于做成了能吹出几个音阶的优美芦笙。自从有了芦笙之后，苗族村村寨寨便享受到了欢乐，听到了笑语。但是，吹芦笙都是各在各的寨子吹，成了自娱自乐，缺少往来，缺乏比较和刺激，玩得不够开心，乐得不够尽兴，久而久之人们都感觉到有些枯燥乏味。看到这样一种情景，当时有一位名叫兄满的寨老就想出了一个主意，提议人们进行村寨之间"阿支对"，就像平常人与人之间结拜兄弟一样相互往来，亲密无间。人们听了兄满老人讲的话，觉得很有道理。于是就请来了另一个寨子的芦笙队，举行了第一个芦笙打同年活动。打同年那几天，两边寨子的男女老少相聚在一起，吹芦笙、赛芦笙、跳踩堂，同桌吃饭喝酒，拉家常话，扯农事话，畅所欲言，欢乐无比。通过打同年，人们都感受到寨与寨之间的关系密切了，人与人之间的友情也加深了，真是人心大快，劲头充足，生产丰收。从那以后，苗族人都认为芦笙打同年是一项极其有益的社会活动，于是通过"竖岩"（苗族古时一种无文字的法规）形式，将它作为习俗世世代代地沿袭传承下来。

（二）过程简述

邀请方式。打同年的邀请方式有几种：一种是乙寨过去曾经到甲寨打过同年，按照礼节今年该是乙寨还礼了。于是就由一年长者带领若干名男女青年去跟甲寨打招呼，商定打同年的具体日子及有关事宜。第二种是某寨组织规模较大的芦笙队伍到别地走村走寨巡游，进行吹芦笙交流活动，当路过某寨住宿第二天要离开时，主寨有意打同年，就组织寨上芦笙队围住客寨芦笙队，跳起同年邀请舞。客队领会到主人的意思，但往往事前无思想准备，找理由推辞，无奈主人再三挽留，盛情难却，最终同意留下打同年。第三种是在赶坡会的那天，当各个寨子的芦笙队活动至太阳偏西，比赛芦笙结尾准备散场时，甲寨想跟乙寨打同年，就燃放鞭炮，将写有邀请内容的红纸贴在乙寨的大芦笙共鸣筒上，并手挽手、臂扣臂地绕乙寨芦笙队吹跳三圈。乙寨心领神会，知道自己是邀请的对象，于是经过寨老、芦笙头等人商议后，送去回话，如不同意，讲明缘由予以拒绝，若同意，就拉起队伍跟在甲寨队伍后面走，同时派人回去报告，寨上人知道消息后，每家每户都派人于当晚或次日陆续前往甲寨参加打同年，凑热闹。

入寨规矩。乙寨到甲寨打同年，入村时有一定的规矩：队伍要按顺序走。首先是举芦笙队旗的人走前头，依次是德高望重的寨老，芦笙头、芦笙队、盛装姑娘，其他穿便装的男女老少随后；走到离甲寨约半里路且看见寨子的地方停下，芦笙队吹三首《进寨曲》，示意"主人请我来，已到寨子边"。早就在寨门迎候的甲寨芦笙队，听到这熟悉的标识曲，也回应了三首《迎客调》，表示"我在此恭候，请朋友进来"。然后在甲村寨头的引领下，队伍有条不紊地向寨门开来。此时，寨门内外，道路两旁，男女老少排成长长的队伍，他们吹

拦路歌（廖维　摄）

拦路酒（廖维 摄）

起芦笙，用鲜花、用微笑、用掌声、放鞭炮，夹道欢迎同年的到来；到了寨门，甲寨在此设桌拦路，桌上摆放有酸肉、酸鸭、酸鱼和酒，一根草绳横跨拦住，主客双方歌手将在此摆开阵势，对唱《拦路歌》和《开门歌》。每唱一首，主客双方便是一阵赞美的喝彩声。对唱三五轮后，甲寨搬开桌子，撤下拦路绳，宣布放客入寨。凡过者每人须饮一杯竹筒酒，吃一块肉便可进去。喝拦路酒，客人不准用手去接，要用嘴去接，用手去接必须喝干。对于那些滴酒不沾的人，不伸手接杯，讲明缘由，讨个饶，象征性地领一点也就过关了。喝罢拦路酒，乙寨队伍鱼贯地进入寨中芦笙堂，绕芦笙柱转三圈，鸣放鞭炮，芦笙头面朝东方领奏，集体合奏《入寨曲》三首，作为"暖坪"。接着吹起悠扬迂缓的《踩堂调》，姑娘们结队加入，围成圆踏着节拍，跳起柔美抒情的踩堂舞，让甲寨老少一睹乙寨姑娘、小伙子的风采。跳罢一曲，二曲又起，甲寨姑娘此时也按捺不住涌动于心底的舞兴，纷纷上场加入踩堂行列。人们跳呀，踩呀，直至夜幕来临。

领客进家。苗族向来把客人进家视为生活中的荣耀和光彩，并不认为是麻烦和累赘。没有客人则被视作不会为人，是不合群的明证。踩堂刚一结束，甲寨各家各户就纷纷进场，见乙寨的人则这家拉几个，那家领几个，不一会就把场上的客人，包括那些跟随队伍来的外地客人，全部领完。有些行动慢而领不到客的人家，往往还要到领得客人多的人家去"抢客"，直至"抢"到为止。这一夜，甲寨上下人满堂客满户，家家户户杀鸡杀鸭，热情待客。主客围着圆桌，亲切交谈，饮酒放歌，人们沉浸在节日般的欢乐气氛中。

同年仪式。第二天举行隆重的打同年仪式，周边村寨来观看的人特别多，格外热闹。吃过早饭后，乙寨芦笙队全体身着盛装，首先来到芦笙堂，以芦笙柱和母笙作轴心，大中小号芦笙围着"轴心"，一曲接着一曲地吹奏气势磅礴的合调，姑娘们挥动手中的鲜花彩带，踩着节拍翩翩起舞，吸引着越来越多的

邀同年仪式（廖维 摄）

观众。大约中午时分，甲寨芦笙队盛装登场，芦笙手们四人一横排，六人一直排，成为一个长方形，手挽着手，边吹边跳意在"我们围你们，到我寨做千年万代好朋友"的《同年曲》走在前，挑着一担担糯米饭的姑娘和抬着一坛坛糯米酒的小伙子，牵着披红挂绿的黑牯牛，抬着大肥猪和赶着牯羊的青壮年依次随后。在欢快跳跃的《同年曲》旋律和鞭炮声中，围住客队按逆时针方向转一圈，客队按礼节应邀，于是主客双方做相同动作，朝相反的方向左右换脚半蹲点地往前跳，途中相遇三次，舞姿和舞步充满了苗族对朋友的真诚、敬重、炽热、友好的感情。围同年场面之壮观，声势之浩大，博得满场观众阵阵喝彩声。相互转罢三圈后，一位能歌又博古的寨老手持一把芭芒草，将牯牛引领到场地中央，面向东方对牛"讲话"，念"同年理词"。念毕，用草喂牛。然后把牛牵到寨边一僻静处，送牛"归西"，牛随风化仙翩然离去。讲同年结束，人们继续观看芦笙表演。主、客芦笙队合拢到场地中间，由两个芦笙头分别领

宴请同年（廖维 摄）

吹过门曲，大小芦笙同时奏响。两队二百多位盛装姑娘排成若干个纵队，一个队挨着一个队，踏着悠扬的笙律，绕着芦笙，跳起大型踩堂舞。姑娘们那五彩缤纷的衣裙和银饰在阳光下闪烁，那轻盈的舞步，含情的眼神，惹得围观的人们里三层外三层，个个看得如痴如醉。

　　同年盛宴。是夜，举行盛大的同年晚宴。宽大的芦笙坪上摆放着百来张矮圆桌，桌上摆有猪、牛、羊肉，还有酸鱼、酸肉、香菇、笋子、木耳、手抓糯米饭等荤酸素食。主客云集，相掺入座。酒至三巡，饭用一碗之后，主寨姑娘们三五成群地挨桌挨个向客人敬酒。往往在一首优美动听的敬酒歌之后，情深意浓的酒杯便立即敬到嘴边，哪怕是再不知趣懂礼的人也不得不起身一饮而尽。当人们酒酣耳热时，主客双方又互劝"团圆"酒，大家一同起身齐声高喊："呀——呜，呜！"声浪此起彼伏，气氛热烈融洽。当晚还举行文艺联欢晚会，放映苗语电影、苗歌演唱，年轻人坐夜行歌走妹，山寨处处欢声笑语，彻夜不眠。

欢送同年（廖维 摄）

广西融水

送客离寨。第三天，客寨要离村时，主方倾寨出动，前来送行。客寨照例集中到芦笙坪吹笙踩堂，对主人的盛情接待，再三表示感谢。客寨整队临走前，主寨赠送牛头一个，猪肉一腿（有的地方赠送牯羊一只）作礼，表示两寨今后继续往来，同年打不断。主人情意浓浓地送了一程又一程，客人恋恋不舍。送至桥头坳口分手时，讴歌相赠，直至客人消失不见。

担起礼物送同年（廖维 摄）

（三）价值和意义

凡参加打同年的人，只要留心仔细去观察，就会发现苗族在进行这项活动中，体现了苗族立体的全方位的文化。一进入苗寨，最先映入眼帘的就是那一座座依山而建，房屋层峦叠嶂，鳞次栉比的吊脚楼民居建筑。现今的吊脚楼建筑是七千多年前河姆渡遗址的干栏式建筑工艺随着苗族先辈迁徙到大苗山新环境后，不断完善的见证。这种独特的工艺高超的民居建筑，是由当地精明的苗族建房师傅们，凭着一把曲尺、一个墨斗、一杆竹笔设计建造而成的。一座木楼，除了屋面用瓦盖以外，其余全是杉木结构。屋柱用大杉木凿眼，柱与柱之间，用大小不等的方形木条开榫衔接。整座楼房，高矮柱子纵横成行，大小方条横穿直套，楼檐层层而上，檐角向上翻翘，态势似飞似跃。楼边走廊及其他骑出楼面部分的牵制短柱都呈悬空吊脚状，短柱底端，雕饰有宝葫芦和吉祥鲤鱼的造型。整座楼房建筑不用一颗铁钉，全用木榫接合，但十分稳固。从屋地位置选择、备石垒建屋基、选中柱、择中梁、发墨、凿眼、上梁、立门、盖顶、设火堂等都有成套的礼仪与禁忌，把苗族的历史和文化融入吊脚楼建筑之中。

打同年期间开展的活动项目丰富多彩。有芦笙踩堂、芦笙赛、苗歌赛、斗马、斗鸟、文艺演出、篮球赛等，其中最为引人关注的是芦笙圆圈踩堂舞，她是芦笙文化的精髓、核心、主流，贯穿打同年活动的始终。从头一天的迎客进寨，到第三天的送客离村，主寨客寨的青年男女身穿盛装多次出现在芦笙堂上，踏着深沉浑厚、悠扬舒缓的芦笙曲节奏，围着藏有天地神灵和图腾崇拜物的芦笙柱，按逆时针方向一圈又一圈地踩着、舞着。"踩堂"对男子来说，是展示其英俊强悍、聪明勤奋的集体阵容。其动作更多的是模仿人类过山蹚水、开荒造地、砍伐、锄地、收割等生产生活习性。女子的舞步主要是向前三步退一步，并脚转身，脚尖上顶，双手随着身体的扭转而微微摆动，更多的是向人们展示其姿容服饰，圆圈踩堂舞动作看似简单，但很古朴，来源于生活，极具农耕文化和山地文化气息。舞者按逆时针方向旋转，以表溯逆时光回流远古，回望东方，体现了苗族后人追思怀远，对祖先的崇敬和对历史的回忆，突出了苗族人坚韧刚强性格中蕴涵着柔和之美的性格，以及对美好生活的向往与追求。同时她又向世人昭示：芦笙打同年不仅将千千万万的苗族人及其亲朋好友聚集在一起，同时也吸引了许许多多的外族人参与其中。无论你是哪里人，是哪个民族，都欢迎你加入到这个圆圈中来，大家手拉着手，心连着心，共同舞成一个大大的团圆踩堂舞。

二十多年来，在自治县党委、政府的高度重视下，自治县民族部门会同县芦笙协会，组织县直机关芦笙队，每年到乡下某一个苗寨定点开展芦笙打同年。以打同年这一独特的文化方式进行干群联谊活动，为这一活动赋予了新层次的内涵。每次打同年活动，都有县领导和县直各部门各单位的干部职工参加，他们分散在同年村的各个农户家中，睡苗家铺、吃苗家饭、喝苗家酒，和村民一起吹芦笙跳踩堂，参加各种文娱活动，向村民宣传党的方针政策，传送科技信息，了解村民生产生活状况，帮助村民解决实际困难和问题，递真情送温暖，做好事办实事。这样做不仅丰富了山村群众的文化生活，使民族文化得到传承和发展，更重要的是加深了党政干部与群众的感情联络，密切干群关系，共

同年踩堂舞（廖维 摄）

颁发民族团结锦旗（廖维 摄）

同为社会和谐垒起牢固的根基。

　　2011年11月26日,是融水苗族自治县成立纪念日,县城九支芦笙队邀请乡下九支芦笙队,在县民族体育公园举行对口打同年,有史以来第一次将芦笙打同年引进县城。十八支芦笙队伍中,不仅有苗族,还有侗族、瑶族、壮族的队伍共1000多人参加。2015年11月7日"中国•融水苗族第十五届芦笙斗马节"邀请了湖南城步、麻阳,贵州松桃,云南屏边四个苗族自治县同胞,举行以"喝同年醇香米酒,享人间温暖情怀"为主题的"中华苗族打同年"活动。共分为进堂、围同年、请同年、圆同年和宴请同年五个环节进行,集民族芦笙、歌舞、饮食、习俗、礼仪等为一体。那闪闪发亮的银饰,那波光粼粼的盛装,以及震撼人心的芦笙将整个场景包容,呈现出一派银装素裹,花团锦簇的世界。前来参加节日活动的领导、嘉宾、游客观看大型芦笙打同年后,都感到无比的震撼,称赞有加,认为芦笙打同年是一次气氛热闹、内容完美、和谐融洽,充分展现苗族文化风采的盛典,是苗山儿女共同奏响的最美和谐音符,是营造各民族团结的桥梁和纽带。

　　苗族利用芦笙打同年这一独特的文化方式,向世人展示了苗族最原生态、最淳朴、最厚重的文化,搭建了与外人交往、沟通的平台。通过芦笙打同年这道亮丽的风景线,让更多的人们去浏览和品味,以致熟悉和了解苗山晶莹的自然物象内涵和苗族的人文景观。这无疑对加快融水的改革开放步伐,增强民族团结,构建和谐社会,促进经济发展,繁荣民族文化,起到十分积极的引渡作用。

三、金秋烧鱼季

　　元宝山金秋烧鱼季是融水苗族人民秋收文化活动的一项重要内容,是一个欢庆丰收的特殊节日。它从每年九月开始,一直延续到十二月,具有持续时间长,涉及范围广,参与人数多的特点,内容更是生动活泼,最吸引人的是纯正地道的户外美食。

(一) 历史渊源

　　《史记》载:"楚越之地,地广人稀,饭稻羹鱼,或火耕而水耨。"可

见，秦汉时期，楚越之地，人民已经饭稻羹鱼了。苗族祖先，当时在楚越之地繁衍生息，后来被迫南迁，但保留了先民的生活饮食习惯。在长期的迁徙跋涉中，由于缺乏炊具，只能燃烧篝火，将蛙、鱼烤熟，采集树叶来

剪禾（廖维 摄）

盛放，大家围坐一起共同享用。现今融水境内的元宝山、白云山周围一带的苗族，仍沿用当年先祖们迁徙时烧烤鱼蛙的办法，将在稻田里养大的鲑鱼用树枝夹串起来在篝火中烧烤。久负盛名的元宝山金秋烧鱼季习俗由此形成。

（二）活动过程

苗族同胞在五六月份插老禾（苗家称糯禾、粳禾为老禾）时，就开始在田里放养鲤鱼苗。田鲤有黑鲤、青鲤、黄背鲤、豆斑鲤、红鲤、粗鳞鲤、细鳞鲤等，五花八门。

进田捉鱼（廖维 摄）

中国民间文艺之乡

鲤鱼平时吃食稻田里的小虫、水草、嫩肥泥，禾苗抽穗扬花时还吃掉下水中的禾花（因此又名禾花鱼）。几个月后，一尾尾长得既肥又大。

八九月剪禾时节，各家各户带上糯米饭、甜水酒，备上辣椒、盐巴、姜蒜等佐料，来到山上田边，边下田剪禾把，边放水捉鲤鱼，将鱼关入竹笼里置放于清水处，到吃中午时，用干柴在田头烧起一堆篝火，一家人围在火堆旁烧鱼。烧田鲤的方法有两种：一是用小竹子或小树枝破开一端，将几尾活鲤鱼夹成一排，放在火上翻转慢烤。鱼左右两面烤至焦黄不断冒出鱼油时，鱼就熟了。吃时用野生蚂蚁菜拌紫苏、薄荷、姜、蒜、辣椒等佐料，做好辣椒盐水，夹着鱼肉蘸上辣椒，其味清香、甜嫩，肥美可口。另一种是取出鱼胆，放进一个盛有蚂蚁菜、野旱菜、酸菜、辣椒、姜蒜、盐巴等佐料的锅里，盛放清水，选用几枚质地坚硬的鹅卵石放进火堆中烧红，将"红石"投入锅中，水很快被烧沸，不一会鱼就熟了。吃起来，鱼肉清甜，汤味鲜美。

烤鱼的香味、野菜的鲜味，就着从家里带来的糯米饭香，喝起小酒，"呀

准备烧鱼（龙涛 摄）

呜""呀呜"的喊酒声就这样响起来。兴起之时，村民们还在稻谷飘香的田野上吹起芦笙跳起踩堂舞，以隆重的苗族风俗与远道而来的游客们一起欢度苗族庆丰节。等到酒足饭饱，夜幕也渐渐降临。这时，游客走进苗家，喝上一碗热油茶，便可以在寨子里安然休息。第二天早上，苗家阿妈准备好糯米饭，还有糍粑、香甜糯米酒等，赠送远方的客人。

烧鱼（梁启胜 摄）

大苗山的村村寨寨都有金秋烧鱼活动，其中2014年、2015年、2016年融水金秋烧鱼季节启动仪式分别在四荣乡小东江苗寨、荣塘村河边苗寨以及荣地村归报侗寨举行。

（三）特点

民族性和地方性。元宝山金秋烧鱼季是融水少数民族同胞庆祝丰收，共品美食，打同年，增进情谊，加强团结的一项传统文化活动。活动中，游客可以在感受山涧溪水的清爽，观赏奇花异草的美丽之余，通过下田捉鱼、烧鱼、品鱼、篝火晚会、看民族歌舞表演、看瑶族婚俗、游览苗寨、品尝苗族美食、观看芦笙斗马等，体验融水山区人民的纯朴善良和独特的民族风情。

广泛性。随着人们生活水平的提高，文明野餐生活逐渐走入大众生活，他们可以是喜欢大自然的学生们，可以是想要放松心情的白领，可以是追求生活

欢呼（廖维 摄）

品质的精英。元宝山金秋烧鱼季这一种野餐生活，是大苗山深处一种原生态的生活方式，是喜爱户外活动的人们享受生活的一种时尚选择。

　　自由性。在金秋烧鱼活动中，人们的行为可以不必那么规矩，坐姿也不必那么讲究，也没有那么多客套，自由自在。极端地说，用手抓着吃也可，胡乱烤着吃也没有问题，你做我吃，我做你吃，角色随便更换，一切可即兴所为，它就是要打破平常家庭餐和酒店用餐的那种呆板的程序，做一次传统吃法的反叛，并在这种反叛中尝到一种自由的快乐。

（四）价值

　　有益于健康。久住城市的人，长年累月的喧闹、拥挤、紧张、污染中的生活，使得回归大自然成为假日的应有之义。金秋烧鱼活动把苗族饮食与大苗山风景结合在一起，让人们既可以心旷神怡地享受大自然的美景，又可以调剂一

准备享受美餐（龙涛 摄）

下口味，享受到竹筒饭、石头鱼、苗婆菜等天然食品，从而带给人们一种自然的生活感受与体验，这是热爱生活、热爱健康的率真表达。

有益于民族文化传播。在烧鱼活动中，苗族同胞就地取材，用野生蚂蚁菜拌紫苏、薄荷等制作配料，用烧红的鹅孵石煮鱼汤，还有喝酒时"喊酒"等，都展示了民族和地方饮食的特色，这些都是原生态、健康的生活方式，是传承千年的民族文化。通过游客将这些传播出去，促进文化交流。

有益于丰富旅游方式，推动旅游业的发展。游山玩水是一种旅游方式，住民舍吃家常菜是一种旅游方式，同样，住帐篷吃野餐也是一种旅游方式。金秋烧鱼活动让旅游方式多样化，满足不同人群的需要，是旅游业做大做强的需要。

中国民间文艺之乡

（五）传承措施

加大宣传力度，介绍人们到大苗山享受健康休闲的生活，放松心情，愉悦身心。做好环境卫生工作，杜绝垃圾随处丢弃，保护好青山绿水。引进文化项目建设，把民族音乐、舞蹈、摄影、美术等艺术传承与金秋烧鱼活动融合起来，创作一批文艺精品，发展民族文化。

国外游客来体验（龙林智 摄）

四、苗年

苗年的苗语为"努伦吉"，汉语俗称"过苗年"，是苗族一年之中最隆重、最热闹、最盛大的节日，有着悠久的历史，主要分布在融水县苗族聚居的元宝山和滚贝老山周边各个苗族村寨。2016年，苗年列入自治区级非物质文化遗产保护项目名录。

（一）起源

苗年的起源，据说最早与苗历有关。自古以来，苗族就有使用着与汉族"农历"不同的历法——苗历，苗历的岁首，即为苗年，融水苗族大多在农历十一月某个卯日（按推算）过苗年。

苗年的来源，在民间有这样的传说：远古时期，苗年只有天上人才过，他们过年时天天吹芦笙，结亲嫁女，喝酒吃肉，很是热闹。人间没有年节过，感

到很冷清寂寞，于是就向天上讨要苗年过，天上人不给，双方就开战打起来，死伤不少人。后来讲和，议定天上人先过年，过完了就让年节下到人间来给人们过。天上太宽大，等到天上过完年的时候已是八月底了，九月初才让年节下来人间。年节下到人间先到大枫树上，给老鹰碰着，就接到窝里去过；年节从枫树巅下来，树干的蛀虫遇见，就接到树洞里去过；年节来到大树脚下，给老鼠见着，就接到穴里过；年节来到一个叫朗利的地方，朗利人首先在九月第一个卯日过年，接着年节又一个个地方走去，走到哪里，哪里就卯日过年，直到十一月底最后一个卯日年节才走遍各个地方，人间才过完苗年。人间过完年后，年节又回天上去了。来年，等天上人过完年，年节才又回到人间，年复一年。这就是传说中苗族为什么要过苗年，过苗年的时间为什么不统一的原因。

在融水，各地苗族过苗年的时间是不一样的。杆洞一带，每年农历十一月三十日为除夕，十二月初一过苗年；大年、良寨、拱洞、红水、白云、大浪一带，每年农历十一月第一个卯日或者第二个卯日过苗年；安陲、香粉、四荣、安太、洞头、滚贝一带，逢闰年则在农历十一月初一过苗年。

苗年中的芦笙走寨（龙林智 摄）

(二) 内容

苗族过苗年，不仅充满欢乐喜庆的气氛，而且独具一格，富有情趣，一些奇特的古老风俗，组成了一幅幅绚丽多彩的民族风情画。

年前准备。苗年到来的前几天，家家户户上山打柴，堆放自家门前，备足过年燃料；上山割回担担嫩草置于牛圈旁，作为"关年栏"的喂牛饲料；各村各寨集中劳力，分头到通往生产劳作的山路，村寨之间接壤的人行路、桥梁，以及村中巷道进行全面的维修，名为"修年路"；各家各户将房前屋后，室内室外打扫干净，将平时用的生产生活用具逐一进行清洗，创造一个干净、整洁、舒适的生活环境，同时酿酒、杀猪、舂糍粑等，迎接新年的到来。

吃年饭。除夕的晚饭，俗称年饭，又叫"团年饭"，意为这一天全家人都到齐在一起吃年饭了。吃年饭是苗年最神圣的时刻，特别忌在吃饭时有外人来

笙声阵阵庆苗年（龙涛 摄）

串门，认为这是"年饭"被踩了，对全家人不利。为了让串门者知道主家在吃饭，饭前，主人事先在大门口放一阵鞭炮，然后半掩一扇门，串门者见了知道这家人在吃饭就不进屋了。年饭的菜尽量办得丰盛一些，餐桌上有鸡鸭和酸鱼肉，还有猪肉及猪心、肝、肚、肺、肾等，还特别要吃上"棕扒"（融水方言称为"榔棒"）。据说"棕扒"是古时苗族祖先最爱吃的东西，祖先喜欢吃的必定要准备有，所以杀年猪时，要用猪血拌糯米灌入猪大肠内煮熟，制成"棕扒"。年饭弄熟后，先祭祖，将熟鸡、鸭、鱼、肉、糯米饭和酒水逐一摆放在火塘边，由男主人主持祭祖仪式，主妇及家人虔诚地站立两旁，气氛庄重肃穆。奉供之后，全家人才围坐火塘边的圆桌上吃年饭。吃饭时，鸡鸭腿给小孩吃，肝、肠等内脏让给长辈吃，小孩不能吃，风俗说小孩吃了会脑子笨，字写不端正，歪扭像鸡肠。年轻小伙子在吃年饭时，必须要吃大块肥肉，苗族俗话说，"吃得大块肥肉才算得上好后生。"

守年夜。吃罢年饭，各家各户从楼底搬来干柴和几个干透了的大柴兜，堆在火塘上燃烧，火又旺又大，全家大小围坐在火塘边"守年夜"。据说，古时苗族祖先居住荒林野岭，用火战胜各种野兽来袭，保护自己，所以后来人在除夕晚上，特意烧起一堆旺火，以使全家能安然度过年夜，还有一说是，历代去世的祖先阴魂在除夕晚上都赶回来和后辈过年，因而子孙们要在除夕晚特意烧起旺火，让先辈们烤火取暖，还将家中所有的凳子都

快乐的老少（廖维 摄）

搬到火塘边摆好，除了家里人坐的以外，其余的都留空那里，意思是让祖先们坐。这一晚，全家人都不能睡，睡了就是对祖先的不尊重，迎新岁不真诚，被视为懒人，将来没出息。为了不给小辈们在守夜时有睡意，老年人给他们叙述苗族开天辟地和历史沿革的古歌古话，讲一些生动诙谐有趣的传说故事，使晚辈们个个听得津津乐道，睡意全无，在不知不觉中度过"守年夜"。

燃鞭炮。除夕的夜晚放鞭炮是各族人民必不可少的，但苗族有其独特之处。年夜之后，雄鸡报晓，新年到来了，围在火塘边的人们散去，主人提着鞭炮站在木楼的走廊上，随着雄鸡的报晓声即刻点燃鞭炮，此时整个山寨鞭炮声，此起彼伏。许多人家还沿袭古老的做法，砍来数节生竹筒，在楼底的平地上烧起一堆大火，将一节节竹筒往火里烧，待其水汽蒸发膨胀后，爆裂出"砰、砰、砰"的巨大响声，竹筒的爆裂声与鞭炮声相互交织，震耳欲聋，喜庆气氛达到高潮。鞭炮声刚停，主人就带着小孩手提竹鞭，打开圈牲口的栏门，将牲畜赶出来再赶进去，还边赶边不停地喊："牛羊满栏，鸡鸭满舍，走来我家，进到我圈。"用意是祈盼新的一年里人寿年丰，六畜兴旺。

抢新水。除夕午夜后，寨里的年轻姑娘和小伙子挑着水桶，或亮着火把，或打着手电，提着马灯，一个个争先恐后地赶到水井边，都想在新年到的头一天第一时间挑到第一担新水。这就是苗族习惯称呼的"抢新水"。第一位抢到新水的，倍受人们夸奖，被认为是最勤快最能干的人，会受到未婚异性者的青睐与爱慕。传说苗族祖先勾共在每年的头一天都要开挖一口新的水井，叫金水银水井，供后代人享用。后来人们就将新年头一天的井水视为金水银水，而第一个挑到金水银水的人，得到的福和利最多，发家致富也最快。抢新水，抢的是金水银水，所以在挑的时候要特别细心，为了不给水溢出来，挑的人还特意在装满水的桶上面盖上一张芭蕉叶或者芋檬叶，以避免晃动时水泼出来。

禁忌。新年的第一天有许多规矩必须遵守：一是不扫地。据传历代祖宗之魂化作细小蜘蛛、小蚂蚁在屋里与子孙过年，若扫地扫着了，就意味着被推倒，祖宗会生气。二是不挑水。水应山神之命，已经流了一年供人们生活，够疲劳的，需要让其养精蓄锐，不去干扰它。三是不割草砍柴。柴草有生命，一年到头为人做了很多贡献，过年了也应它们休养生息。四是不到别家串门，守候在自家里为供奉祖宗服务尽孝。此外，还不许骂人，讲粗口话，不舂碓，不做针线活等，这些都是祖祖辈辈订下的规矩，要一一遵守，不许违背。

新年的第二天，开始吹芦笙跳踩堂，全寨上下男女老幼，身穿盛装，集中于本寨的芦笙坪上参加芦笙踩堂，观看芒篙表演，以及斗马、唱苗歌等文娱活动。

芦笙走村寨。苗族称芦笙走村寨为"嘎侠芬"，在苗年的第三天以后进行，时间三天、五天不等，但以奇数为吉利数，是苗年期间一项重要的民俗活动。芦笙外出走村寨队伍的组成很讲究，大多数是以能熟悉吹奏各种芦笙曲的中青年男子和熟练跳踩堂舞的青年女子为主，另外还有男女歌手，部分老者和小孩参加，人数少则百把，多则二三百人。凡参加者穿戴要讲究，男子一律穿开胸对扣亮布衣，头缠亮布花格头帕；女子着花边亮布衣和百鸟衣，披戴各种银饰。体现队伍阵容整齐，服饰亮丽，能歌善舞的整体素质和实力。芦笙走村寨事先要安排好行程路线，要去哪个寨子，提前派人联系。活动内容以芦笙踩堂、芦笙打同年、芦笙比响和苗歌对唱为主。每到一地都会给人们增添节日的热闹和欢乐，因此被对方尊称为"达亨嘎"或"达配嘎"（即芦笙哥或芦笙妹），必受隆重接待，有的寨子杀猪款待，有的

芦笙欢歌（刘克林 摄）

寨子杀牛宴请，非常盛情。

芦笙走村寨，是寨与寨之间对等的文化交流，今年你来，明年我往，礼貌相待，丰富生活，增进友谊，是一项很有意义的群体交往活动。

收年。苗族称"梭伦"，即结束过年之意，是过苗年最后的高潮日。这一天，一个寨子或几个寨子集中在传统的芦笙坪上一起欢乐。当天早饭过后，芦笙头带领芦笙队先进场，当芦笙吹响，主人客人，男女老幼，人人盛装打扮，汇集到芦笙坪上。特别是姑娘，穿戴更是讲究，身穿银饰绣花衣，头戴银鸟银角，显得格外亮丽，妩媚动人。看到场上来的人越来越多了，精神抖擞的芦笙手们手捧金芦笙奏响了芦笙踩堂曲，随着姑娘们的加入，大家绕着芦笙柱边吹边踩边舞。踩堂的姑娘来得很多，有时围成二三圈，多时达五六圈。踩堂姑娘越多，观看的人越多，就连那些在场外观看的阿爸阿妈们也自然组起队伍跟在后头踩呀跳呀的，观众们见了顿时发出开心的喝彩声。当天还举行斗马、斗牛、斗鸟、唱苗歌等活动，直到夜幕来临才散场。

收年的夜晚很是热闹，来客也特别多，各家各户杀鸡宰鸭，把房族兄弟拢到一起，热情邀客共席。席间，酒过三巡之后，主人将鸡鸭的肝、脾、肠等内脏剪成碎片分装在各人的杯里，斟上一杯浸泡有鸡鸭胆的苦胆酒，名为"酒冲"。在主人的招呼下，主客同时举杯，齐喊"呀！呜！"后，将酒饮尽。喝"酒冲"一来表示主人对客人的盛情款待和敬重；二来表示主客互相信任，肝胆相照，互相帮助，共同祝愿来年风调雨顺，六畜兴旺，五谷丰收。

苗年是苗族文化符号，具有独特的文化价值。它是展示和传承苗族优秀文化的重要载体，与苗年相关的民俗文化，如饮食文化、服饰文化、宗教礼仪、传统竞技等，在节日中得到传承展示、保护发展。同时，苗年对研究苗族古代历法、农耕技艺和社会管理方式等都具有较高的学术价值。当前，由于山区的大部分青壮年长期在外工作学习、创业务工，人们过苗年的习俗受到冲淡，过苗年的村寨逐渐减少。

为维护和发展平等、团结、互助、和谐的社会主义民族关系，尊重各民族的风俗习惯和传统节日，2017年5月25日，自治区人大常委会批准了新修订的《融水苗族自治县条例》，其中第五十八条规定：每年农历十一月二十八日

（不含闰月）为自治县苗族传统节日苗年，放假2天。今后，融水苗族人民将以更加开阔的视野，更加开放包容的姿态，迎来一个又一个隆重、热闹、欢乐的节日——苗年。

五、春社

相传古时候，苗族有位叫勾的才子，聪颖过人，从小爱好天文，十分了解四季的变化规律，在做官时制订了一整套历法用以指导农时生产，使苗疆年年丰收。但是，社会黑暗，统治者勾心斗角、鱼肉人民、无恶不作，不断地对苗疆发动掠夺战争。勾对此恨之入骨。勾的反叛情绪被统治者察觉，结果被罢官，驱逐荒野。从此勾靠讨饭供奉母亲，流落异地他乡。勾被革职流浪讨饭后，苗族也被迫迁往深山老林。由于气候发生了变化，旧的苗历已不适用，新的苗历无人制订，田地有种无收，六畜养而不长，人民饥寒交迫。苗族人民对勾的怀念和期盼与日俱增，因为只有勾才能挽救大家，于是派人到远方寻找勾，勾说："我母亲在家等我讨饭回去饱肚，我饭碗空空，哪有心思测算天历？"来者哭诉了苗族人民的处境并表示愿意派青年男女为勾母讨饭。勾带着他的老母来到苗民迁逃后建立的苗寨，专心编修苗族历法，再用以指导苗疆农

社场盛况（龙涛　摄）

事。从此苗疆又获得丰收，又有了欢笑。为了纪念勾的恩情，也为了提倡钻研学问，鼓励博学，苗疆决定每年春分前后为春社节，春社节期间都派男女青年挨家挨户讨"母亲"饭，并在红水芝东村头立岩作出规定，每年二月社节至八月十五期间不准吹芦笙，以保证苗山田园丰收。

春社在春分第二天（一般在农历二月中、下旬）举行，是一个活动范围广、持续时间长的节日。节日主要活动是赶社场，苗语叫"兴暇"，即青年男女汇集闲游。这是红水、拱洞、白云等乡的苗胞最有趣的坡会活动。节日持续三四天。社场设在红水河岸、振民沟、高武坡和八迷河口四处。第一天在红水河岸，晚上到振民村住；第二天在振民沟，夜晚上高武村住；第三天在八迷河口，夜晚上培基村住；第四天散场。白天青年男女三五成群在社场上闲游，寻找意中人；夜晚串寨、走妹、对歌，倾吐衷肠。

叶笛声声唤情郎（龙涛 摄）

赶社场，不论男女老幼，家家户户都要全体出动，从早到晚，在通往社场的山间小路上，穿着五光十色节日盛装的各族群众，有的牵骏马、有的提鸟笼，有的挑着土特产品和各种编织的工艺品，神采奕奕地从四面八方涌来，人山人海。

赶社（龙涛 摄）

广西融水

社场里有斗马、斗鸟、跑马、民间武术、苗歌对唱、撒糖等活动，具有浓郁的民族生活气息和鲜明的地方娱乐色彩。太阳偏西，人们成群结队，向另一个社场赶去。当人们云集到振民寨芦笙坪后，撒糖活动开始了。只见小伙子们一个个背着鼓囊囊的挎包，右手不停地从包内把糖果一把一把掏出撒向挤得水泄不通的人群，顿时整个社场沸腾起来了，喧闹声、鼓掌声、喝彩声震天动地。糖果由有钱人买来撒给大家抢。多是男青年撒，老人、妇女和小孩抢，姑娘们站在高处上评头品足，暗中选择意中人。有个人独自买糖撒的，也有一村一寨青年或要好朋友合伙买糖的，谁撒得多，谁就本事大，他将受到老人的钦佩和姑娘的求爱。这是男女青年寻找对象的良机。除撒糖外，还撒硬币、香烟、啤酒（听装）、梳子、活鸭等东西的。充满热烈气氛的撒糖场上，抢糖的人群如潮水般时而拥向东，时而倾向西，你拉我扯，撞跌满地，"呀呜、呀呜……"呼声在高高的苗寨上空回荡，经久不息。

撒糖由来已久，相传古时候只在有钱人家举行，逢年过节或盛大坡会，他们互相邀约撒糖取乐，攀比高低，后来逐渐流传于民间。新中国成立后，随着群众生活水平不断提高，撒糖活动更频繁了，不论坡会大小、节日大小，都少不了这个项目。

夜幕降临，远方来客都进寨子里住，把附近十多个村寨挤得满满的。当晚，还有更有趣的"赖婆饭"活动。只见小伙子们三五成群吹起苗笛，弹起果哈，唱起苗歌，

拱洞乡高武村，一位苗族姑娘在春社活动中抛柑橘。
抛果（龙涛 摄）

第二章 节庆

145

撒糖（龙涛 摄）

赛手示爱（龙涛 摄）

　　走村串寨到各家各户去"赖饭"。这一活动相传是为了纪念苗族古代一位受人尊敬的天文学家。

　　2016年，春社节列入柳州市级非物质文化遗产代表性项目名录。

六、新禾节

"新禾节"也叫吃新节,是融水苗族人民的传统节日。其隆重程度仅次于春节。没有统一规定的日期,按照习俗在农历里选日期。因正值夏季稻禾长势旺的时候,故名为新禾节。每年古历六月二十五日或七月十三日,苗族人民都欢度一年一度的"脑戛列"或"脑戛先"(吃新节),且以各种活动热烈庆祝,昼歌夜舞,人山人海。当日,村寨的苗族同胞身着节日盛装,参加芦笙舞、唱苗歌、斗马等文娱活动。

关于新禾节,苗族民间流传着这样一个故事。苗族祖先耇先、老里为了获得谷种,动尽脑子,想出以世间奇珍异兽同谷子国耇噹交换的办法。最后历经千辛万苦将谷种取得回来。取回谷种后,耇先便播种插秧,古历六月初六这天,秧尖上抽出了一串五寸长的谷穗。一个月后,谷子丰收了。收获的谷子,又留来做种,年年撒种栽插,使旮旮旯旯都有了谷种,人们都吃上了白米饭。古历七月十三前后谷子已成熟了,为了记住这个日子,耇先便把这天定为"吃新节",一直传下来。后来一部分苗族人民提前过节,把"脑戛先"改为"脑戛列"(即吃秧包),节日改在古历六月初八(卯日)过。为隆重纪念这个难忘的日子,一到节日,苗族人民就举行各种聚会,赶热闹场、跳芦笙,彻夜欢歌,热烈庆祝。

取新禾回家(龙涛 摄)

中国民间文艺之乡

许愿（龙涛 摄） 　　　　　　　祭祀（龙涛 摄）

尝鲜（龙涛 摄） 　　　　　　　走寨（龙涛 摄）

在中国民间传统节日中，"吃新节"也许是唯一没有确定日期的节日。其时约在农历"小暑"到"大暑"之间，以早稻成熟为标志。因为各村水土、气候条件不尽一致，早稻成熟往往会相差一天或几天，所以即便在同一个乡，各村的"吃新"也会有先有后。"吃新"又叫"尝新"。节日这天，村民们早早来到田间，精心摘取颗粒饱满的稻穗，捆扎成稻束，把它们悬挂在农舍门厅的两旁，供奉在中堂的桌案上，祭拜谷神和祖先后，全家人按照长幼辈分，依次入座就餐。餐席虽较丰盛却并不铺陈，以新米饭、米粉蒸肉为主，还有鲜嫩的茄子、辣椒、黄瓜、南瓜、豆荚等时令蔬菜以及鸡、鸭、鱼、肉等。

新禾节是融水苗族人民根据当地稻作生长规律而诞生的一个节日，新禾节以尝新吃新、回馈祖先恩惠为主要特征。新禾节作为融水大苗山人民一年农耕周期中的重要节点，对农事活动的安排计划和开展有重要的指导作用。研究新禾节文化，也可以从侧面研究了解融水苗族的农耕发展历史脉络以及文化信仰、风土习俗等变化发展规律。

新禾节活动——水上拔河（廖维 摄）

苗族新禾节主要分布在自治县中部地区的安太乡、香粉乡、安陲乡、四荣乡、怀宝镇；西北部地区的滚贝侗族乡、洞头镇、杆洞乡；东北地区的大年乡、良寨乡、拱洞乡、红水乡、白云乡等乡镇的苗族居住村寨。

融水苗族聚居于大苗山的崇山峻岭中，交通闭塞，经济落后，传统文化受到外来文化的干扰较少，因而至今仍保留着许多较原始的本土本民族的独有特征。苗族新禾节这一苗族传统民俗节日流传于融水县境内大大小小的苗族村寨中。2016年，苗族新禾节被列入柳州市级非物质文化遗产代表性项目名录。

七、二月二花炮节

（一）历史渊源

洞头镇二月二花炮节源远流长。古时候，元宝山、滚贝老山古木参天，绿树成荫，自然资源十分丰富，洞头河发源于这两座大山，水流量很大。因洞头地处两座大山边缘，交通十分不便，人们远行或进行物资交流往往只靠走水路。通常是从洞头沿河而下，到三江、融水、柳州甚至更远的地方开展物资交流。因此，它是沿河先民的生命河流。因河流的连带作用，加上资源丰富，洞头一带的先民与外地的经贸来往也很频繁。外地的客商如贵州凯里、榕江、从江和广西的三江、融水、柳州甚至广东、福建的商贾都有来

花炮节举行祭祀活动之地——伯公庙（廖维 摄）

过这里，有的甚至在这里安家落户，使这里的经济得到持续的发展。由于水资源丰富，河水流经洞头时，已是水流湍急，人们过河经常发生事故，放木排下河也经常发生木排撞对岩石，木排散架，人员落水。为了出行安全，当地的侗族先人选择在农历二月初二这天在河边举行祭拜河神活动，祈求风调雨顺、岁岁平安。在民间有"二月二，龙抬头"的说法，就是每年二月初二龙抬头了，雨水到了，所有农事都可以开始了。因此，在每年春耕前选择在这天举行祭拜活动，祭拜龙王爷，希望龙王爷保佑人们出行平安、风调雨顺、五谷丰登。随着时间推移，活动逐渐演变成当地人们自觉参与的一项重大的民间活动。大约在清嘉庆年间，来自福建、广东的客商为充分利用当地文化资源，促进桂黔接边地区民间贸易往来，倡议成立"伯公会"，并在河岸边建"伯公

抬炮头去现场（杨仕余 摄）

广西融水

节日现场（廖维　摄）

庙"（即河神庙），此倡议得到当地民众、各地客商的支持。为了丰富庙会活动，把抢花炮这一活动引了进来，成为活动的重点内容，二月二花炮节也由此形成。这天，寨老们都组织、发动全村群众，备齐三牲供品，到伯公庙举行祭拜活动，祭祀之后到庙前沙滩上开展抢花炮等活动，并由庙会传承人一代一代地传承下去，形成这一地区最有影响的节日。到了民国年间，由于连年战乱，人民生活日益困难，流离失所，当时主持庙会祭祀活动的福建籍商贾张红隆只得宣布停止举办花炮节。到了第三代人，张红隆的孙女张凤仪久病不愈，

开幕式（廖维　摄）

第二章　节庆

151

中国民间文艺之乡

去问卦得知原因是二月二祭祀活动被张红隆停办了,河神无人祭祀。后张红隆之孙张成祥找街坊、寨老商讨恢复二月二花炮节、重新举办祭祀活动事宜。他的提议得到街坊的支持,1986年恢复了二月二花炮节。为了加强民族团结和交往,促进经济、文化交流,增进民族感情,洞头村逐步邀请周边苗族同胞一同参加,活动内容越来越丰富,苗侗同胞的民族感情日益增强,颇具特色的民族文化得到很好的传承和光大。2016年,二月二花炮节被列入柳州市级非物质文化遗产代表性项目名录。

(二)过程

二月二花炮节的会首由洞头村四个寨子各推选一名有身份和影响力的人物担任,并主持当年会期的一切事务。节日当天,会首组织各屯的人备好三牲供品、三个炮头、三坛米酒、三头生猪。上午十时许,会首们带队先到伯公庙举行祭拜河神仪式。祭品是有讲究的,必须是一头生猪、一头羊、一只雄鸡,宰好后,把猪和羊架在小板凳上,使它立起来,放在船上。准备妥当之后,会首们再带上香、纸、鞭炮和米酒,坐船下河到伯公庙祭拜河神,祈求年年风调雨顺,岁岁平安,祭祀完毕后第一环节结束,抢花炮活动才可以开始。而此时,爱鸟的人们,则不约而同来到平宝岛的树荫下,开始了另一个活动——斗鸟。千百鸟音,唱响山林,

二月二花炮节办节和炮头制作传承人黄绍槐(梁志诚 摄)

平宝岛一时成了鸟的"天堂",大家一边斗鸟,一边就地等候抢花炮活动的开始。中午12时过后,花炮节活动准备妥当了。游行队伍在寨中站队排序,由雄狮队在前面,第一花炮、第二花炮和第三花炮紧跟着,每个花炮头由两名年轻貌美的侗族姑娘抬起,每个花炮头配送一坛米酒,一头生猪,由12名后生分别抬着,跟在花炮的后面,接着是腰鼓队、芦笙队和参加活动的民众。三声铁炮响起,场内吹响了芦笙,三曲过后,鸣放鞭炮,敲响锣鼓,队伍从寨中心出发,锣鼓声声,笙歌阵阵,响彻了洞头街的每一个角落。队伍熙熙攘攘,前后有一两千米长,游行在洞头街上,左转过洞头河,再沿河而上,便到河对面"二月二"花炮节的主要场地——平宝岛。平宝岛地面宽阔,可容纳几万人,当游行队伍来到后,平宝岛顿时热闹起来。不一会儿,岛上便人山人海了。活动由寨老主持仪式,宣布"二月二"花炮节隆重开始:首先雄狮队进行舞狮表演,娴熟的武术动作以及逗笑的举动让观众大开眼界,连连叫好!接下来,各芦笙队进场吹笙,每个队伍都进行了很好的展示,笙声阵阵,撼天动地;姑娘们也跳起了优美的芦笙舞,让人们感受了快乐的场面。紧

第一花炮炮头(梁志诚 摄)

准备点炮(梁志诚 摄)

中国民间文艺之乡

接着，洞头村的男男女女围起了圆圈，唱"多耶"，跳起了"多耶"舞，那歌声、那场面、那衣服、那银饰，把人们的思绪带到了远古的岁月。这些表演活动，营造了"二月二"花炮节热烈的气氛。随后，节日的重要主题——抢花炮开始。为什么要抢花炮？原来这花炮是有深层的涵义，第一花炮为木质二层六角亭，是财炮。花炮头的门边贴有一副对联，内容是：财冠五岳，誉满三江。据说生意不顺利时请人帮抢得此炮头，摆在家里，当年便可生意兴隆，财源广进。第二花炮为木质庙宇一座，是求子炮。花炮头门边也有一副对联："庭阶日暖舒麟趾，桂阁月圆起凤宅。"据说是男女成家，婚久无子，若能抢得此炮，便能生男育女，延续香火。第三花炮为木质六角亭，是寿元炮。据说抢得此炮者，均可延年益寿，有联说明："有志经营善人是富，喜降源本泰寿维祺。"因此，每年都有很多人为了自己的需求而积极

第二花炮炮头（梁志诚 摄）

第三花炮炮头（梁志诚 摄）

报名参加抢花炮，将花炮视为改变自己命运的载体。

抢炮之前，主持人宣布抢炮规则：一、每个参加抢花炮的队伍只允许10人；二、抢花炮要公平竞争，不得集中压上某一个人身上，不得恶意攻击别人，更不得打伤别人；三、比赛时不得穿着长衣长裤，以力气、技巧公开抢炮；四、必须跑到获奖台上方为成功；五、比赛奖励：除了抢得的花炮头以外，另奖励一坛酒、一头生猪。宣布结束后，争抢第一花炮开始了。点炮人将套好绸丝布的铁环固定在装好火药的铁炮上，点上引信，"嘭"的一声铁环被推送到空中，几支抢花炮的队伍，个个队员都在盯着铁环下落的地点，大家都朝这地方拥去，你争我抢，铁环几易对手，有时大家认为铁环在某个人手上，都扑上，那人一松手，原来没有铁环，空扑一场；有的人为了快速转移铁环，将铁环抛给自己队友，让其他队的队员跑来跑去白辛苦。抢花炮的人员，随着铁环忽左忽右，忽东忽西，场面甚是热闹。经过几分钟或十多分钟的争抢，聪明的队员总是能在别人误抢的时候机灵地溜出人群，健步跑上获奖台，在台上挥舞着手中的铁环，示意抢炮成功！这时主持人上台，举起他的左手，宣布抢炮成功。这时还在争抢的队员才回过神来，观众齐声喝彩！当台上的队员下来，队友们便将他高高抛起，连续几次，以表祝贺！接着便开始抢第二炮、第三炮。整个场面和第一炮同样展示出热闹的场面。队员们那犀利的眼神，健壮的身躯，矫健的动作以及友谊的竞争都给人留下了难忘的印象。一、二、三炮不是排名先后，而是各取所需。大家抢花炮时，本着"友谊第一，比赛第二"的精神开展争抢。

三炮都抢完以后，主持人主持颁奖仪式，颁发花炮头，将炮头送到获奖队伍的手上，并给每个队颁发一坛美

抢花炮（郁良权 摄）

铁炮及套好绸丝的铁环（梁志诚 摄）

酒、一头生猪。此时，全场掌声雷动，为抢得花炮者祝福。获奖者高高兴兴、敲锣打鼓将花炮和奖品抬回去了。

　　看热闹的人们，此时则移步到集贸现场，围在小商贩身边，挑选适用的商品，有农具、雨具、竹编制品、食品，农村需用的东西，应有尽有，琳琅满目。直到太阳西沉，大家才慢慢散去。

　　主寨的人们，纷纷呼朋唤友到家里做客，同享节日的快乐！

　　晚上，姑娘家里的火塘边坐满了年轻帅气的后生哥。他们从外村来，想在此寻找自己心中喜欢的姑娘。他们同姑娘们弹琵琶、唱侗歌，直到天亮才依依惜别！

　　二月二花炮节历史悠久，内容丰富，受众群较广，具有自己鲜明的地方特点和民族特色。

八、廿四花炮节

廿四花炮节流行于和睦镇汉族聚居地区，土拐话（亦称平话、百姓话、客话）为当地主要方言。抢花炮，过花炮节是和睦镇人民群众为纪念东汉伏波将军马援（人们敬其为水上人家的保护神）平定南方之乱有功而举行的具有浓郁特色的民间传统习俗活动。花炮节由民间举办，在当地享有盛名，已有三百多年的历史。它是一项民间体育竞技和勇敢者的运动，由于有强烈的对抗性、娱乐性和独特性，深受该地区广大民众的喜欢，所以，数百年来长盛不衰。二十世纪六七十年代，在极左路线的影响下，花炮节被视为封建迷信活动而一度中断。党的十一届三中全会后，花炮节得以恢复，并在桂、湘、鄂、渝、黔等省边境地区，历史上也曾经兴办过此节的侗族、壮族、仫佬族等民族中逐一恢复。1986年，国家民委、体委将"抢花炮"项目列入第三届全国少数民族传统体育运动竞技项目。

庆典仪式（龙涛　摄）

中国民间文艺之乡

（一）历史渊源

据史籍记载，马援是东汉开国功臣之一，汉族，扶风茂陵（今陕西扶风县）人，建武十七年（公元41年），交趾太守苏定依法处决了诗索。诗索之妻徵侧及妹徵贰起兵反抗，攻占郡城。九真、日南、合浦（今广西北海合浦县东北）"蛮夷"起而响应，攻掠岭外六十余城，徵侧自立为王，公开与东汉朝廷决裂。光武帝拜马援为伏波将军，南征平乱，并将徵侧、徵贰击败，其众离散。马援所过之处，皆"为郡县治城郭，穿渠灌溉，以利其民"。他还条奏越律与汉律乖舛者十余事，加以整顿，"与越人申明旧制以约束之，自后骆越奉行马将军故事"。马援死后，奸臣们群起诬陷，皇帝偏听谗言，收回他的伏波将军封号，还不准正式安葬。我国南方各族人民为了纪念他的功绩，唯恐奸臣掘坟碎尸，便在广西、云南等地广为建坟筑墓，留下"马援冢处处多"之言。直到汉明帝时诬陷者的阴谋败露，马援的天大冤枉才得以昭雪。汉章帝刘炟又恢复了他的"伏波将军"称号，追谥为忠诚侯。

庆典仪式（欧阳桂君 摄）

旧时，融县融江两岸的村寨、街道建有多处供奉马援的庙宇，取名"南屏庙"，唯有和睦镇南屏山上的南屏庙留存至今。庙中石碑记载：于清代重修，1987年重建。庙内置东汉年代伏波将军马援神像。因马援的生日为农历四月廿四，当地民众将是日定为庙会日，用抢花炮活动以纪念马援将军，简称"廿四炮"。

群众出自对马援将军的敬仰，廿四炮节前一天零时，备好鸡、鸭、肉供品及香烛纸钱，来到南屏庙祭祀，祈祷吉祥如意，幸福安康。

（二）活动过程

是日，万人空巷，人们举行盛大的游行仪式。队伍前端由舞狮队、舞龙队开道，4位彪形大汉抬着马援将军神像跟后，紧接是一、二、三花炮抬阁，由金童玉女打扮的许仙、白素贞（白蛇传故事），穆桂英、杨宗保（宋代）等抬阁依次成行，其后是彩船（由老渔翁、贝壳美女组成），腰鼓队等接踵而行。游行队伍走街串巷，锣鼓声、鞭炮声响彻云霄，热闹非凡。最后向抢花炮地点南屏山下汇集。在花炮节会首主持下，进行上届获胜的"花炮头"还炮等环节后，便开始进入抢花炮的环节。

3个花炮是铁制的圆环，外用红布或红绸缠绕，直径约5厘米，状如手镯，然后将铁环分别放置在3个铁炮口上。铁炮是用一块长宽约15厘米的铁板，焊上一截长约15厘米、径约6厘米的铁管，铁管内填充火药，下端留有点火孔。主持人宣布抢花炮开始时，由专门点炮人点燃引信，炮火把置放在铁炮口的铁环冲向空中。待铁环往下跌落后，各队抢

点花炮（梁海星 摄）

中国民间文艺之乡

抢花炮（欧阳桂君 摄）

炮人蜂拥而上，你争我夺，全场顿时欢声雷动，四周助威声不绝于耳。抢花炮的时候，每队抢炮人斗智斗勇，互相配合，有保护，有阻拦，也有搞假动作来迷惑其他队的。真中有假，假中有真，场内你来我往、十分激烈，扣人心弦，场外观众看得眼花缭乱，不知花炮在谁手中。抢花炮场地画有三条白线，当抢炮人在第一、第二条白线之间时，铁环可以藏在身上任何地方，抢炮人跑到第二、第三条白线之间时，就必须把抢得的铁环举起，但并不代表获胜，其他抢炮人还可以从其手中抢走，只有抢得铁环人越过第三条白线，交到主席台上方算胜利。接着还要进行二炮、三炮的争抢。抢得第一炮者为"发财炮"，寓意得炮者当年财运来到，生意兴隆，日子红红火火；抢得第二炮者为"添丁炮"，寓意得炮者爱人当年定能怀上小孩，为得炮者添丁添福；抢得第三炮者为"如意炮"，寓意得炮者当年生意、生产、生活各方面顺顺当当、天遂人愿、万事如意。获胜者由"炮节会首"（组委）奖予

庆祝（欧阳桂君 摄）

全猪（猪头、猪脚、猪尾）及奖金。

抢花炮的队伍一般由10—20人组成，每次有4—8个队不等。无论哪个队获胜，大家均彼此祝贺。每个队事先都有一个"认领人"（主要出资人），亦称"花炮头"。获胜的"花炮头"把花炮放在一座装饰漂亮、类似轿子的台阁里并抬到家里，置放厅堂之中。第二年，"花炮头"要再制作一个"花炮"供奉于南屏庙中。民间称为"还炮"。随着时代发展，"花炮节"内容不断丰富，除"抢花炮"外，还同时举办拔河、篮球比赛、山歌比赛和文艺表演等活动。节庆期间，"有朋自远方来，不亦乐乎"，永乐镇、融水镇及毗邻的罗城、柳城、融安县乃至柳州的群众也前来赶热闹，参加花炮节的人达5万余人，足以说明民间传统文化的凝聚力和号召力。

除和睦镇外，其他地方也有花炮节。各地举行抢花炮的历史，祭祀、纪念神祇，日期各异。如三江县富禄的"三月三"，始于闽粤商人到该地区经商，由于信奉"妈祖"，而兴建庙宇祭祀之；壮族的农历二月初二"土地真君"的

抬花炮回家（欧阳桂君 摄）

生辰及"二月二，龙抬头"等，都有抢花炮活动。人们通过娱人、祭神方式，表达了人们对美好幸福生活的追求和积极向上、敢于拼搏、团结一致的精神，不仅能带动少数民族地区体育事业发展，丰富文化生活，还能促进民族团结，对增强人文交往，传承民族民间文化，发展地方经济有着积极的现实意义。

九、三月三歌节

三月三歌节主要分布于三防镇和汪洞乡等壮家人居住的这一区域。在征服自然和创建家园的漫长岁月中，三月三歌节为壮族人民的生存和发展做出了特殊的贡献。2016年，"三月三歌节"被列入柳州市级非物质文化遗产代表性项目名录。

（一）历史渊源

壮家扎龙亭已有一千多年的历史。相传很久以前，天下大旱，民不聊生。

现场活动（廖维 摄）

玉皇大帝便派了九条金龙飞往九州兴云布雨，其中一条飞到壮乡降雨，是年五谷丰登。当地百姓为了感谢龙恩，便建造龙亭给龙歇息，并在亭边对歌，为龙歌功颂德，以此祈求吉祥幸福。由此代代相传，每到歌节，壮家便扎起"金龙"和"龙亭"，出村巡游，每到一处，舞龙拜年完毕，东道主便和客人坐在龙亭边唱龙亭，三防壮族的歌节便是由此而来。

三防镇在1984年有6位壮族歌手随着壮族龙亭表演队一道，应邀出席广西壮族自治区在南宁举办的壮族三月三歌节。他们在参加自治区歌节活动回来后受到很大启发，于是，在1985年2月由镇文化站、镇团委、镇民歌协会联名向镇党委、镇政府提出申请报

唱龙亭（郁良权　摄）

告，要求举办三防镇壮族三月三歌节。镇党委、镇政府经过研究，同意这一请求，决定创办首届壮族三月三歌节，地点设在风景秀丽的兰马坪。此后，每年的农历三月初三就定为三防壮族三月三歌节，沿袭至今。

（二）活动过程

历届三月三歌节，活动内容丰富多彩。歌节活动开始时，由四百多人组成的游行队伍，敲锣打鼓从镇政府通过三防大街，沿途燃放鞭炮向兰马坪进发。三防镇的大街小巷人山人海，热闹非凡。

三防壮族三月三歌节活动以唱歌为主。白天在兰马坪，主要是歌手对歌，有壮歌、贝江山歌、侗歌、瑶歌等对歌比赛，各民族歌手兴高采烈地对歌，此起彼伏，歌声荡漾，还有唱龙亭、舞龙舞狮、芦笙踩堂、斗鸡斗鸟等，近年又增加了斗马、放花炮、篮球和拔河比赛等项目。入夜，有桂剧、彩调剧、歌舞表演等文艺演出，在晚上十时左右，龙灯在鞭炮的簇拥下，上街拜贺，举行舞

龙表演，三防街一片灯火通明，鞭炮声此起彼伏，舞龙表演至次日凌晨方散。

整个歌节活动为期三天，毗邻乡镇、四面八方的群众不约而同前来参加，人数多达万人以上，歌节活动场面宏大，歌手众多，持续时间长。唱龙亭是壮族双音部对唱，自始至终随问随答，出口成歌。歌的内容没有什么硬性规定，一般由过去歌颂龙的功德逐渐发展到歌颂本民族当今的幸福生活，歌颂美好的未来。在村子里，歌声更是热情洋溢，青年男女对歌通宵达旦，直到歌节活动结束。

（三）重要价值

三防壮族三月三是壮族的重大节日之一，是传统骆越文化的主要表现，统称为三月三歌圩。壮族三月三也是当地汉、瑶、苗等民族的重要节日，每逢歌节，三防、汪洞一带的各世居民族都采取不同的方式欢度壮族三月三。它在各

山歌演唱（龙涛 摄）

族群众心目中的地位不亚于春节，是各民族群众汇聚集会、交流情感、交换物资、互通有无的大舞台，为增强民族团结、构建和谐社会、促进各民族共同繁荣发展做出了重要贡献。

（四）传承与保护

三防镇"三月三"歌节活动以壮族群体性传承为主。廖述桥自幼跟随家中长辈研习三月三歌节文化，为家族传承体系的第四代传承人。2013年获县级三月三歌节壮族山歌编写及演唱民间艺人和代表性传承人。

目前，三防三月三歌节活动虽然每年如期举行，但是由于受到现代流行文化的冲击，年轻一代对本民族传统文化的逐渐淡漠，加上民歌传承人年事已高，所以民歌与民歌手出现青黄不接之态势，三防壮族三月三歌节的保护迫在眉睫，这就要求我们加以足够的重视，采取措施，为融水民族文化宝库存留珍贵的非物质文化遗产。

十、朋芘节

壮族朋芘节流传于融水苗族自治县大浪镇各个壮族村寨。"朋芘"，壮语汉译音，是"打老同、交朋友、搞比赛"之意。

（一）历史渊源

朋芘作为民间竹管乐器，其制作工艺精巧，音色清脆悦耳、乐曲跌宕起伏、荡人心扉。关于朋芘的起源，可从两个方面去寻找答案。一是传说。很久以前，一群放牛娃闲暇之时，取禾秆吹着玩耍，后又在禾秆上用小刀挖

朋芘吹奏（融水文联提供）

中国民间文艺之乡

孔，发现声音很好听，于是便流传开来；传说二，有一对农村夫妇带小孩下田劳动，将小孩放在田头用禾秆围住，因小孩啼哭，夫妇便以禾秆吹响哄逗，小孩变哭为笑，后来大家都来效仿。由于禾秆必须是青秆，季节

吹牛角器乐（廖维 摄）

性强，秋收后无法获取，且容易破损也难以保存，于是村民便改用竹节长、材质好的金竹代替，经过艺人们不断改进，形成了后来的朋芘。二是韦氏族谱记载。据该镇桐里村现年83岁的老艺人韦廷彩讲述：其祖先是明末清初由广西庆远县（宜山）迁徙过来的，至今已有二十几代人了，吹朋芘过节庆习俗一代传一代。以此推算，距今已有四百多年历史。

（二）活动过程

朋芘节举行的时间是每年农历九月初九，人们利用秋后余暇，以桐里

朋芘节—桐木村在草坡上开展朋芘活动（融水文联提供）

村为汇集点，在村旁坡坪上进行朋芭比赛活动。活动伊始，由一寨老点上三炷香并插在场地中央，其神态庄严肃穆，口中振振有词地念道：感恩祖先，授以生产技能，村寨添丁添财；感恩大地，生出五谷，村寨六畜兴旺；愿祖先、大地保佑，来年又是丰收年！接着燃放鞭炮，在主寨朋芭队的引领下，众人冒着炮烟依次围聚成一个大圆圈，左右摆动，共同吹奏《庆丰收》曲调。顿时，乐声冲天、响震山谷。齐奏后，人们以"堂"为单位，进行朋芭比赛。经各队多轮吹奏，最后由评判组裁决定出名次。名次设定根据参赛队多少而定，多则定出8至10名，少则3至5名。获奖队由"朋芭会"颁发镜屏或锦旗。随着时间的推移，朋芭节还融入了本区域民众喜闻乐见的"六甲歌（大声歌）"，民间踢毽子、拔河等内容。此外，还增加了奖金事项。活动内容的增加，使朋芭节活动在沿袭传统的基础上，又有所发展、有所创新，对营造节庆气氛、提升影响力大有裨益。朋芭节体现了人们感恩先祖、崇敬自然的情怀，至于比赛结果为次要，通过聚欢，意在增进亲情友情、民族团结和睦，祈望村寨安康兴旺、日子像芝麻开花节节高。是夜，作为东道主村寨，杀猪宰羊，款待亲戚朋友和客人。按传统习俗，朋芭节东道主轮流做东。今年是这个村，明年另一寨。有时移至该镇人民政府所在地河口举行。过节期间，本区域居住的苗、瑶、侗等民族亦很乐意加入到吹朋芭、过节庆的行列。与此同时，吸引了相邻乡镇群众及四方宾客前来过节，共享欢乐。参赛队伍9至30支，

朋芭合奏（廖维 摄）

节庆规模3000至5000人。

（三）朋芘制作

朋芘是过朋芘节必备的竹管乐器，其制作工艺十分讲究，需取材于3年以上的金竹或单竹，每支朋芘由长短两根竹管组成，竹管顶端为含口，一侧削去竹青，用竹片做簧片，母管尾口为"1"音，竹管下部音孔为"2"音。子管尾口为"6"音。吹奏时口含双管，按指法吹奏旋律。定

大声歌演唱（龙涛 摄）

音器为3支牛角，音阶分别是"1""2""6"按牛角标准音制作一支子管，亦称"母本"，其他朋芘则按照"母本"音准，调整簧片长短加以校对。朋芘以"堂"为单位，每堂由大、中、小号朋芘及牛角、筒鼓组成，一般配置为大号2至4对，中号8至10对，小号5至6对，牛角8只，大筒1个、中筒2个、小筒4至6个。每对朋芘为长短两根竹管和竹制簧片组成，称"子母"管。母管尾口为某调的C音，母管下部有一孔发音为某调的D音。子管尾口音为某调的A音。吹奏时艺人口含双簧，右手拇指和中指捏紧母管，食指按D音孔，无名指按C音孔。左手捏子管，无名指按A音孔。用舌尖顶住管口，用气息震动簧片，按不同指法吹奏出旋律。一般使用大六度和纯五度和音，偶尔有大二度和音。朋芘种型制作规格：小号朋芘长约10厘米，中号朋芘长约20厘米；大号长约40厘米；牛角朋芘长约45厘米；大筒鼓长约130厘米，中筒70厘米，小筒45厘米。演奏时，1人引领，负责乐曲的起、承、分、合。

人们欢度朋芷节（融水文联提供）

（四）传承保护

朋芷为本区域人民群众所喜闻乐见。壮族朋芷的流传，得益于民间艺人的执着和坚守。韦联勤，男，壮族，农民，1936年出生，大浪镇桐里村人。韦日环，男，壮族，农民，1953年出生，大浪镇桐里村人，2017年被评为自治区级壮族朋芷制作项目代表性传承人。

当下，文化娱乐纷繁多彩，不少年轻人对KTV、玩电脑上网、手机、弹吉他等趋之若鹜，对朋芷这一古老制作技艺及吹奏技巧认识不足。依广西而言，仍保留朋芷制作技艺的仅有大浪镇桐里村一个地方，会此制作技艺且具有名望的民间艺人也为数不多，不断充实青少年加入传承队伍工作迫在眉睫。针对以上状况，自治县采取了积极措施，2014年，把壮族朋芷制作技艺列入县级非物质文化遗产保护项目并成立了大浪镇朋芷协会；主管文化的相关单位组织专家、学者深入实地作田野调查研究，并摄录了项目活动内容资料，建档存案；

加强人才保护和培养。对有影响、有突出贡献的民间艺人授予荣誉称号并给予适当奖励和补贴；加强项目区域人文环境及生态环境保护，以项目活动为展示平台，促进项目的传习，巩固、发展项目研究成果并通过现代电子网络媒体，不断扩大壮族朋芘的宣传面及传播面。

（五）重要价值

壮族朋芘节历史悠久，为人民群众喜欢，它是增强民族团结的润滑剂。朋芘是壮族古老的竹管乐器，制作工艺精巧，其源于生活、富于创造，是人们精神文化的结晶。朋芘竹管乐器在广西乃至全国绝无仅有，具有传承及研究价值。2002年自治县50年大庆在县城首次展演，壮族朋芘的民族性及独特性引起轰动效应，各新闻媒体竞相报道。2016年，"壮族朋芘"被列入自治区级非物质文化遗产代表性项目名录。

十一、闹鱼节

相传，一千多年前，红水乡良双各村屯的祖先相继从湖南、贵州、浙江、广东等地迁来，梯腊梯素（下称梯氏）建侗寨；沙龙沙杜（下称沙氏）建旧寨，后大部分迁上牛塘；今董耶金（下称今氏）建坳寨。在这之前，本地原已有白苗居住，分为两送、羊提、乌同提和今哑羊

等候出发（融水文联提供）

提四个小寨。白苗当时占有平川良田，安居乐业。梯氏、沙氏、今氏迁来后，常与白苗争夺耕地，互相械斗，因寡不敌众，白苗被迫迁往东水，另置家业。一支农姓（今改为杨姓，已迁并侗寨）迁进了白苗遗弃的羊提寨，两送、鸟同提、今哑羊提三寨从此成了荒坡，遗下层层房基。

白苗迁走后，梯、沙、今三氏为了田丰商利而祭天祭神，每年农历三月第一个辰日祭禾蔸神，六月第一个辰日祭禾穗神。每次祭神，沙氏负责找猪，今氏负责炊具和包饭，梯氏负责扮鬼师，此后世代相袭。据说，那时良双境内年年风调雨顺，五谷丰登，百姓安居乐业。

出发（融水文联提供）

五百年前的一个春天，沙氏在河东的两涌（地名）田塅烧禾秆草，不料，大火席卷原野，那时境内古木参天，树杈、树叶相互覆盖，火苗顺着参差覆盖的树叶，席卷了良双河东梯氏和今氏的村庄和山林。大火烧了七天七夜，烧毁梯氏的十二桶酸鼠、十三桶酸鸟（那时腌酸用木桶倒置于水盆），烧毁今氏十二桶酸鹅、十三桶酸鸟。梯氏和今氏要沙氏赔偿损失，可是沙氏赔不起，被迫离乡背井，逃荒东水，与白苗同耕。从此，梯氏和今氏分了沙氏田地，占了良双地盘。

沙氏逃荒后，当初联盟祭天祭神一度被迫终止。过了十年八载，良双境内病虫害横行，老鼠大如猫，种田歉收，经商失利，梯氏和今氏祭天祭神不灵。两氏族老们商谈多次，认为沙氏被逼走，失了一盟主，造成不吉利。于是，他们多次遣人到东水请沙氏回乡，可是，沙氏家族已在东水另辟家园，生活日上。另外，沙氏又认为回乡凶多吉少，于是不愿回了。后来梯氏和今氏委

中国民间文艺之乡

喊场（廖维 摄）

托培秀寨老荣沙去找林洞大寨土暇（安太一带土司）两次去请沙氏家族，沙氏家族在土司同意保护他们的权益后，才提出回乡的条件，即：回良双后，随他们的意捡种他们过去的田地，梯氏和今氏不干预，他们才回。梯氏和今氏表示照办，沙氏终于回乡了。三个氏族又共祭天祭神，同心协力继续开发良双，从此，种田又年年丰收，营商也年年盈利。

由于粮食年年丰收，头年的禾把还堆满仓（桂北山区多种糯谷，成熟时剪穗捆成把，便于悬挂晒干），来年的禾把又成熟了，禾把积压多年，每次开仓，飞蛾蜂拥扑面。人们都说，这样下去，粮食年年只能给虫子蛀掉让老鼠偷食，多可惜呀！应该用这些粮食去办一件有意义的事。

当人们议论纷纷拿不出主意的时候，一个月朗星稀的夏夜，在侗寨姑娘香姑和社姑的木楼凉台上，牛塘后生阿想和阿纳正与她们商量多年来人们议论如

何使用余粮的事。香姑和社姑主张每年用这些余粮举办一次青年男女的娱乐活动。阿想和阿纳说这是一个很有意义的提议，当下表示全力支持和筹办。继而大家又研究活动的时间和内容，阿想说："活动时间应选在农闲时节，当地有夏后农闲时节和秋后农闲时节，最好是夏后农闲时节举办这个活动，因为这时天气炎热，人来多了，我们也不愁被子。"阿纳兴奋地问："那么这个活动内容应该是什么呢？"阿想深有感触地说："六月天最好闹鱼，我们就举行闹鱼吧，这一天就叫闹鱼节吧！"大家异口同声地说："呜啊（好啊）！"然后又来决定闹鱼地点，阿想说："良双各村脚的河段早

闹鱼（廖维 摄）

抢鱼（龙涛 摄）

中国民间文艺之乡

已分到各家各户,不能在这些河段闹鱼了,两送(地名)河段以下还没有分,我们举办闹鱼活动的地点只能在那里。"阿纳赞许地说:"那里是我们良双的门户,是瘟疫上来的关口,在那里闹鱼,毒死瘟疫,我们这里就世代五谷丰登,六畜兴旺了。"香姑和社姑听得眉飞色舞,香姑着急地问:"那么定在六月里的哪一天呢?"阿纳深有体会地说:"在六月的第一个戌日最好(闰五月的第二个戌日),一是因为这一天是新禾节的最后一天(第六天),在节日里闹鱼也给我们增添乐趣;二是新禾节过后,我们这里各种病虫害相继发生,各种瘟神也相继沓来,我们要保护庄稼,保护人们的健康,捍卫我们民族的生存权利。这一天举行闹鱼活动,毒死一切牛鬼蛇神,每年都来一次这样的扫荡,我们这里就会不断兴旺发达!"阿纳慷慨激昂的话声伴随着一个有力的手势在空中一扫,结束了他的发言,博得香姑和社姑由衷的敬意。"闹鱼的那天早上,我们两个村屯的后生起早去采药,砍舂药杠,饭后各村给人担药,每个后生肩扛药杠,列队到闹鱼地点去。"阿想补充说。香姑迷惑地问:"那么,闹鱼的头天晚上,我们为第二天的活动做些什么准备呢?你们不要光哄我们高兴啊!""酉日晚上,我们组织牛塘后生仔到寨边的坡头上举火相告,见到我们举了三次火,你们也举三次火回应。然后,我们擂一长鼓,给一人长呼天经地义的话,呼完,全体后生

收获快乐(龙涛 摄)

呼喊"呜啊"三轮，每轮三声，每声在原地跳起一次。我们的仪式进行完后，再举三次火，表示结束。你们组织你们寨的后生照我们的形式，完成同样的仪式。如果你们不完成，说明你们违背了自己，违背了我们民族的意志！"阿想详细地做了最后的布置和强调。

"一言为定！"香姑肯定地说。

日后，他们向四方村寨放出了木棍信，邀请大家前来观看闹鱼盛况。

六月第一个酉日晚上，阿想在牛塘寨头的草坪上主持仪式，阿纳负责喊话："十二年是今年好啊，十二月这月好啊，十二日是这日好啊，明天是六月卯日，天皇在海上起房，燕子在山上做窝。整村闹鱼啊，让禾苗根粗叶壮，禾苗都像田边的芒草一样粗壮，一根禾三百穗，一穗三百粒，豆角爬藤结对，喝不完呀吃不尽。稻谷晒满庭，羊满院。牛一母七仔啊，一户七栏。家兴人旺，打能赢敌，战无不胜。能保国卫寨，保家保口。"喊话完毕，执事人领喊"唷呀呜"（苗语，好啊），众人齐声呼喊"唷"，重复三次，最后以领喊"唷——呜"，众人齐声呼喊"咦——"结束。

当夜，侗寨举行同样的仪式，侗寨听到牛塘的喊话后，开始回应，为一个回合。喊话一共进行三个回合，内容和形式一致。在喊话的过程中，牛塘村民们在草坪上围着篝火，举着火把，整个喊话持续一个半小时。

戌日这天早上，双方男女青年上山找来"都令"（苗语，一种闹鱼草药），闹鱼场设在良双村下游河段，闹鱼河段的沙洲之上，溪河两岸，都被远远近近来的男男女女填得密密麻麻的。正午时分，爆发出三轮有力的"唷呀呜"的呼喊，但见二三十条汉子，手持刚从山上砍回的小树，应和着由一位长者唱的彩话节奏一举一降，动作整齐，刚健有力。彩话说："今天好日子，大家来闹鱼，药要采多点，闹鱼鱼才死；年年粮满仓，纸票装满袋；生儿育女，儿女双全；样样顺心，大吉大利。"同时，牛塘闹鱼队也由一位老者引领进场，重复着刚才的呼喊和动作。顿时小河两岸呼喊震天，这队喊那队呼，一路往闹鱼聚集点前进。到达目的地后，两个闹鱼队一同把各自带来的辣叶（闹鱼药）堆放在一起，用木棒捣碎，边舂边呼"唷呀呜"，气氛热烈，情绪高涨。如今由三个屯合组一个闹鱼队，全村六个屯，分别组成两个闹鱼队，阵容更大，气势更足，团结和谐有加。

　　药舂碎了，把它铺在一个用树枝叶搭起的药床上，先由侗寨姑娘捶第一棰，再由后生们拿棍一边捶一边淋水，一边喊"唷呀呜"，让药水慢慢流下河去，鱼吃了就被麻醉。药水流得差不多了，闹鱼执事人卷起一个约2.5千克重的药包，再用茅草扭结成绳，系在腰肢，接着叫来一个达亨（即男青年，下同），也用茅草绑腰，执事人支使他抱着药包，蹚入河心，把药撒入水中；同时派个生龙活虎的达亨，守在滩下，这下药人一撒完，就从滩上翻滚而下，滩下那达亨见状立即跃入河里和滚滩的下药人搅在一起，搂抱成一团。如此顺流翻滚十来下才上岸。这时两岸千万观众"呜呀！呜呀"（苗语，即好啊）喝彩，此时观众可以沿河岸或下河去打捞昏迷的鱼。整条河人山人海，好不热闹。

　　这滚滩有个来历：一说从前有个人抱药下河闹鱼，不省人事，河水把他

收获快乐（龙涛　摄）

从滩头冲到滩脚，岸边有人发现了，就纵身入水搭救。二说从前有个后生，传话出去要闹鱼，人们闻讯从四面八方赶来了，但他俩又拿不出什么花样一饱众人眼福，唯有效仿两条大鱼中药毒，做垂死挣扎，从滩头滚下滩底，让大家开心。

良双闹鱼节世袭传承，为侗寨的杨家和牛塘贾家代代传承，新中国成立后，特别是十一届三中全会以来，农村政策开放，群众的文体活动广泛开展，给闹鱼节增加了不少乐趣。活动时间通常3—5天，观众约5万人。如今，为了使生态环境免遭损害，人们已不再药物闹鱼，而是由主办村寨将鲜活的鲶鱼、塘角鱼、鲤鱼等抛入河中，让观众下河抢鱼玩乐，每年不断增加新的活动内容，今与昔比，更为丰富多彩，其热闹程度不亚于云南西双版纳泼水节，成为广西贵州边界地区各族人民的盛会。2016年，良双闹鱼节被列入柳州市级非物质文化遗产代表性项目名录。

十二、拉鼓节

苗族拉鼓（苗语"希牛"）是苗族人民祭祖求吉驱邪的活动，是苗家最隆重、最独特的节日，具有鲜明的民族传统体育文化内涵。

（一）历史渊源

关于苗族拉鼓的来历，民间有着许多传说：一说远古时代，一支苗族先祖不远万里，几经迁徙来到融水大山丛林中。由于走累了，他们便躺下来休息。带来的猎狗异常兴奋，在山林中转了一圈又一圈，回来时身上粘了不少谷物。族人见到后认为是吉兆，于是就定居下来，并开垦种植，把谷物植于开垦的田地之中，当年秋天果然得到了好收成。先人们把谷子装在铜鼓里储存起来，一年装一铜鼓，连续13年，年年都是大丰收。于是决定不走了，永远在这里住下来。为了纪念这件事，全族人杀猪宰牛、吹起芦笙、敲响铜鼓，举行了祭祖求吉盛大庆典活动。打那时起，往后每13年便举行一次盛大的庆典。

二说是在远古时代人间本来也有鼓。后来发洪水，淹没村寨，鼓浮到天上去，人间便没鼓了。苗族人民住在深山，凶禽猛兽经常出没伤人，瘟风疫气弥

中国民间文艺之乡

20世纪80年代拉鼓（过竹 摄）

20世纪80年代拉鼓（吴顺军 摄）

漫山寨，闹得苗家鸡犬不宁，人心惶惶。每当天上"咚咚咚"的鼓声飘下来，飞禽走兽逃之夭夭，瘟风疫气也消散了。苗家多么希望人间有面鼓啊！每当天上人过拉鼓节的时候，地上人总是搭天梯去天上看拉鼓。这一年，天上又举行拉鼓节了，人潮如涌，大家争先恐后沿着天梯来到了天上，勇朋夫妇留下女儿雅尤、雅生姐妹看家，夫妇俩上天上看鼓去了。山中老虎乘机而入，把姐妹叼走，全靠银须爷爷设法把老虎打死，救下姐妹俩。这一消息传到天上，勇朋夫妇和全族人都非常着急，人们蜂拥跑下天梯，把天梯折断了。雅尤的舅爷在天上，非常关心此事，经与天上族人商议，决定送一面鼓给地下人间自己拉鼓。但舅爷在把鼓放下来的过程中，鼓掉落在了悬崖中，众人历尽千辛万苦始终没有找到。后来白寒鸡历经千辛万苦终于在悬崖上发现了鼓，但人攀不上去，白寒鸡就请百鸟来帮拉，谁知鼓一滑，百鸟来不及接住，又滚下大河；苗家又请水獭潜下河用红藤绑住鼓身，还请大水牛帮拉上岸。从此以后，人间就有了拉鼓，每拉一次鼓，寨子安宁十三年，森林兴旺十三年，禾苗丰收十三年，牲畜满栏十三年，所以苗家每隔十三年要拉一次大鼓，苗寨里只要一拉鼓，虎豹豺狼便闻风丧胆，乌烟瘴气一扫而光，久而久之，就成了传统习俗。

（二）过程

融水苗寨的拉鼓节一般3年、5年、7年举办小鼓，13年举行1次大鼓，因地域不同，举办时间也不尽相同，参加活动者在万人以上。它的全过程分为卜鼓、捞虫、箍鼓、唱鼓、拉鼓、祭鼓、葬鼓等几个阶段。

卜鼓。苗语叫播牛。卜鼓当天，拉鼓支系各家各户备办酒肉置于芦笙坪上，并斟好酒（用杯和牛角装），肉用竹签串上。此时上届鼓主请来一位"过阴人"（曰鬼师）和一位德高望重的族长，问："本届祖宗来不来？""鬼师"说不来则不举行拉鼓；说来，族长即当卜鼓主。并嘱咐找一头毛色纯、角蹄好的牛做拉鼓牛。卜鼓主宣布要做鼓，各家各户要准备。

捞虫。当年剪禾前（拉鼓前），举行捞虫。附近村寨的人来看热闹。该生（苗语，鼓主）、该而（鼓师）手持拐杖，领着族人到沟溪捞虫，每人只须捞得几只虫虾即可。谁家媳妇捞得小鱼，据说也就会生男孩。该生事先在路旁关只小猪，捞虫回程时，每人都要用竹尖把小猪戳得尖叫，直到戳死。用小猪肉来煮粥（平时不煮粥），连同各人捞的鱼、虫、虾一起煮一大锅粥，各自舀吃，叫"付粟耕"（即美粥，甜粥）。

箍鼓。箍鼓是拉鼓活动的开始阶段。活动开始之前，寨子里的年轻男子就

得结队到山上去砍泡桐树。山上树多，但够大够直的泡桐树并不好找，且荆棘丛生，坡高路陡，找树的时间往往会花费不少，但这是一项神圣的工作，谁都没有怨言。通过大家的通力合作最终把制鼓的泡桐树砍回来。箍鼓的头一道工序是把树破开，挖空木心，然后再用藤箍紧，两头蒙上牛皮，再用牛角一对安在鼓身中央鼓就成了。箍鼓的时间很讲究，必须是在深夜第一声鸡叫时进行，并且要把全村的人叫醒点清人数。传说古时有一位小孩钻进鼓里睡觉，箍鼓时就把他箍死了，所以，现在苗人箍鼓，都要按风俗把人叫醒。

杆洞乡的"百鸟衣"芦笙拉鼓节（龙涛 摄）

　　唱鼓。唱鼓是在箍鼓后第二天进行，一般小鼓五天，大鼓十天左右。是拉鼓活动的重要阶段。开始是祭祀祖先，通过哼唱的形式历数祖先的历史和迁徙的曲折过程。最后，鼓主和鼓师依据苗族的古理古规对全体村寨男女老少进行道德教育和遵纪守法教育。鼓主和鼓师会头戴白寒鸡壳，手拄拐杖，身披长袍，庄严地走在前头，族人随后，鼓主、鼓师领唱，众人随声附和。歌词唱道：苗家人啊自古住山坡，比不上汉哥们欢乐多。做个鼓哩吹起芦笙来拉寨，众人"吃鼓"相会笑呵呵！看拉鼓的人啊站满坡，拉鼓又踩堂啊奏笙歌。共祝来年哩好运到，林粮丰收哩有吃喝！他们绕着鼓边唱边合着鼓点跳着质朴、粗犷的鼓舞。有些地方在唱鼓期间还增添了"老虎进鼓房"等娱乐性活动。装扮老虎者头戴红黑相间的虎脸面具，身披干秧草和连叶藤蔓制成的虎皮衣，手上握长柄梭标枪。在夜里九点至十点钟，趁着人们还在观看唱鼓的时候，一对

"老虎"撞入鼓房，跟在后面的是两位彪形大汉，他们赤着上身，背着满满两桶水，人们称之为"水神"。"老虎""水神"进鼓房后随即将门关紧，"老虎"围着鼓挥舞标枪来回不停地吼叫。"水神"跟在"老虎"后面使劲摇动背上水桶，水洒向人群，鼓房大乱，喊声，笑声混作一团。直到泼完水，"老虎"和"水神"才溜出门。"老虎"进鼓房意为去魔镇邪，"水神"进鼓房，意为洗净浊气。

拉鼓。拉鼓是节日活动的高潮。拉鼓就像拔河一样，用一根又长又粗的大龙藤捆牢鼓腰。拉鼓时，本寨人为一方，外村宾客为另一方。拉鼓寨的人拉着鼓藤的一头，并拼命地往本寨方向拉，亲戚朋友拉另一头，拼命地往相反方向拉。两位"底牛"手拿树杈抱着鼓的两端，不让鼓沾地。拉鼓的人拉困了休息，一会儿再拉，这两人始终抱着鼓。当鼓渐渐被寨人拉近寨时，亲戚朋友这头把鼓藤套在树上，主队拉不动也不能发脾气，只有坐下休息（鼓同样不能落地）。这时主村要用糯米饭和酸鱼酸猪肉给拉鼓的亲朋们吃，乞求放行。亲友会故意随着主寨拉到芦笙坪，把鼓垫好后就举行芦笙踩堂。这时，戴白寒鸡毛头壳的人才脱下头壳，给族里年轻的媳妇们戴上去踩堂。

苗族拉鼓（廖维 摄）

祭鼓。拉鼓后第二天轧牛。用木制三脚架，加一压杠，牵鼓主家预备的鼓

中国民间文艺之乡

县城的苗族拉鼓表演（廖维 摄）

牛到坪子上转几圈后，牵牛在三脚架上轧死。这时各家各户杀猪杀牛祭祖宗。十三年内家有老人过世一个的杀一头，两个的杀两头，以此类推，无老人过世的也要杀一头待客。猪牛是亲友动手杀的，主人不参与。肉类分两份，一份煮给亲友吃，一份留主家。祭鼓当天，亲友庆贺。有挑禾把、白米和糯饭相送，也有给银钱的。吃饭时，履行开酒坛之俗。就是把主家前一年酿的糯米酒抬出来，让一位能说会唱的亲戚，讲祝贺话，唱祝贺歌，亲戚在坛上放些银子，开坛者把银钱取走放上桌面后，才能开坛，开后宾主各畅饮一大碗酒。

葬鼓。是整个拉鼓过程最后的一个程序。实际上是不埋不葬，而是将鼓抬到收藏鼓的洞穴或鼓棚里存放，也有少数鼓社把鼓抬到悬崖绝壁之处，将鼓推下绝壁，鼓或碎或毁。最后由巫师把13年来各户亡人名字和年庚、逝世的年月写在纸上，放进鼓中，然后表示同意将鼓放进山洞，便算完成安置祖宗大事。晚上，人们欢聚在一起，吹着芦笙，尽情地歌舞。

拉鼓需备用品：芦笙、牯牛、木鼓、鼓绳、白寒鸡、长袍、酒肉、鞭炮、苗锦等。鼓分为大鼓（长鼓）、小鼓（短鼓）两种。大鼓长约一丈三尺，拉大鼓每十三年一次；小鼓长约七尺，拉小鼓每三年、五年或七年一次。

新时期做好拉鼓文化的保护、传承与发展工作，要加强政府的指导作用。加强传承人、管理人员、研究人员的队伍建设。加强宣传引导，提高传承主体对民俗文化的认识和保护意识。拉鼓民俗属于苗族这个特定的群体。要想很好

地保护拉鼓这一民俗活动,必须让苗家人积极参与。只有正确地认识拉鼓活动的文化价值,才能自觉地将拉鼓的保护与现实要求结合起来,从而积极探索保护拉鼓这一民俗活动的有效途径和方法。2016年,"拉鼓节"被列入柳州市级非物质文化遗产代表性项目名录。

十三、盘王节

(一) 基本情况

瑶族是一个多族系的民族,过去没有全民族统一的节日,即使是过盘王节的地方,各自举行时间也不一致,一般都是在秋收后至春节前的农闲时间举行,并且都分为定期和不定期举行两种形式。1984年8月,来自全国各地的瑶族代表汇集广西南宁,大家一致赞成以"勉"族系称做盘王或称跳盘王为基础的祭祀节日,加以发展成为盘王节。同时一致议定"盘王节"为瑶族统一节

盘王节长桌宴(廖维 摄)

日，日期定为每年农历十月十六日（盘王诞辰）举行。此后由衡阳的常宁，广西的富川、钟山、八步、恭城、金秀，广东的连州、连南、连山、乳源，四川的南充，贵州的凯里，海南的海口，云南的西双版纳，台湾的台北，河南的郑州，湖南永州市的江华、江永等省区县（市）民委及盘氏家族发起，多年来都举行了盘王节祭祀的盛大活动。据说美国、法国、缅甸、泰国、越南、老挝等国外称"勉"的瑶族也都在欢度这一盛大盘王节，特别是1988年12月，费孝通考察南岭地区提出要建立南岭瑶族地区经济文化开发区的构想后，盘王节祭祀文化研究发展思路就更加清晰了。当时开发区范围包含衡阳的常宁，湖南的江华、江永，广西的富川、恭城、金秀，广东的连山、连南等7县，后因金秀不属于南岭地区而被列出，增加了广东的连州、乳源，广西的贺县、钟山等4个县市，即十个县市为瑶族民俗文化经济开发的重点区域，于是形成了南岭瑶学会活

祭祀（廖维　摄）

祭拜天地（廖维　摄）

动区域的集中点。1990年，由广西瑶学会发起、贺县（现八步区）主办了南岭地区瑶族代表联席会，会议提出由该区域各县市轮流坐庄，每两年举办一次盘王节民俗文化研究汇报暨盘王节祭祀活动。1992年11月，由贺县（现八步区）举办了第一届湘粤桂三省区十县市南岭瑶族盘王节之后，便形成了循环坐庄轮流举办的形式。

在融水苗族自治县，盘王节主要流传于同练瑶族乡。该节日是以盘瑶族（盘、沈、包、黄、李、邓、周、赵、胡、唐、雷、冯等盘瑶十二姓）为主体开展的祭祀活动，也是各民族同胞喜闻乐见的一个节日祭典。

同练瑶族乡位于融水苗族自治县域的西北部，距离县城115公里，东与滚贝侗族乡接壤，南与汪洞乡毗邻，西接环江县龙岩乡，北与贵州省从江县秀堂、刚边两乡相连。全乡总面积为204平方公里，乡境内居住有瑶、苗、侗、壮、汉、水等6个民族。辖6个行政村，108个自然屯，据2016年统计全乡总人口为11158人，其中瑶族人口为5376人，占全乡总人口的48.18%，所居住的瑶族均属盘瑶族支系。其余的苗、侗、壮、汉、水等5个民族人口总计为5782人，占全乡总人口的51.82%。该乡坐落的地理位置虽然比较偏僻，但当地瑶族居住的村屯人口相对集中。在漫长的历史岁月中，聚居于该区域的盘瑶族人们对盘古大王、盘王始祖以及翁爷家先（家族先祖）的敬仰氛围都比较浓厚，由祖辈漂洋过海登陆以后，一代代迁徙到同练瑶族乡居住以来，一直都保持着拜祭盘王的原生态习俗。

（二）分布与发展状况

举行盘王节活动，在融水境内除流传于同练瑶族乡外，还有其他居住有盘瑶族居民的许多乡镇村屯。如洞头镇的百岩、良载、高鹏、洋边；良寨乡的培柳、培福、归楼；杆洞乡的乌邦、大朝、新安（黑冲）；红水乡的大保、江脑等村屯都以家庭式举行拜祭盘王的祭祀活动。

融水自成立融水苗族自治县瑶学会以后，在自治县领导及有关部门领导的关心和支持下，2012年11月25日组织并邀请周边县乡，如三江、融安、贵州从江县等瑶族代表，以及县域各界关注盘王节的友好人士和融水县瑶族民间艺人代表，汇集在融水县城隆重举行了融水苗族自治县首届瑶族盘王节活动。2014年10月16日，由同练瑶族乡人民政府发起，和平村委负责承办，在同练瑶族乡乡政府所在地同练村同乡屯也隆重举行了同练瑶族乡第一届瑶族盘王节祭祀活动。2018年，"瑶族盘王节"被列入柳州市级非物质文化遗产代表性项目名录。

（三）历史缘由

瑶族盘王节源远流长。盘王节也叫还盘王愿、跳盘王或调盘王。在融水各乡镇瑶寨中，多数的传说是这样的：在天地洪荒的远古年代，在万山丛中有两座一样高大的宝山，相隔一里，对峙相望。左边那座叫布洛西山，像一个威武雄壮的男子；右边那座的模样则像一个拖着连衣裙服的少妇，名叫密洛陀山。每年，这两座山互相移近一尺，经过995年，它们靠近了995尺，再移近5尺，两座山就要连在一起了。有一天，也就是农历十月十六日，天上突然响起了一声惊天动地的霹雳，这两座山同时裂开了两条缝，接着，从布洛西山里走出一个高大的男人，从密洛陀山里，走出一个壮实的女人，这一天，就是这一男一女的生日了。后来他们结成了夫妻，男的叫布洛西，女的叫密洛陀。他们是创造天地万物，繁衍人类的第一对勤劳智慧的父母。他们创造出世界以后，就让三个女儿各自外出谋生。大女儿扛着犁耙到平原去犁地耙田，后来成了汉族；二女儿挑了一担书去读书，后来成了壮族；三女儿拿着密洛陀给她的一斗苞谷、一面铜锣，到山里开荒种地，从此在山里安居乐业，就成了

向天吹号（廖维 摄）

瑶族。所以瑶族世世代代住在大山腰，开荒种地，铜锣也派上了大用场。在大山里除了鸟、野兽的叫声和风吹树叶的响声外，这铜锣声就为瑶家的主要乐器了。同时，铜锣声还可以用作驱赶来损坏地里五谷庄稼的野兽的武器。因此，铜锣便成了瑶族的传家宝。密洛陀越来越老了，有一天便叫三个女儿一起回来，对她们说：十月十六是我的生日，到那时，你们来给我"补粮"。她还特别嘱咐三女儿说："你没有什么丰盛的礼物，到时候你只要酿一缸包谷酒或者米酒，拿来给大家品尝就行，十月十五那天，你还要提前拿铜锣回来闹场。"从那以后，瑶族就有了庆生日的"盘王节"，期间从十月十五开始，到十月十七日结束，为期两夜三天。此外，还有《瑶族过山榜》中的《过海凭据》内容载述：盘瑶族被朝廷朱洪武灭族追杀，瑶族众丁躲到海南岸一山地居住后，由于恶兽常伤人无法安居下去，被迫迁徙到该岛的南岭山居住。在该地生活了数年之后，由于山坡陡，土质贫瘠，每年秋收都没有好收成，觉得在此处生活不是长久之计。大家就聚集商议，漂洋过海到对岸去另觅谋生之处。众头领们在议事即将结束时，突然来人报说有很多猛兽进村伤人了。于是急忙散伙，各自组织自己的家族人逃命去了。可在过海时，遭遇风浪百般波折，七七四十九天奋力漂洋过海，结果总无法抵达彼岸。盘瑶族十二姓众丁从起初的七船人员过海，结果只剩下三船人了。无奈，众师就在船上卜卦追其缘故，得知是由于正在酝酿如何过海时，突遭恶兽下山伤人急忙逃走，顾不上将盘古宗枝即大香炉带走，且三清圣像等宝物也没带齐，故激怒了盘古圣王。头领们带领众瑶丁下跪压下钱纸，祈求始祖盘古圣王显灵保佑子孙平安过海，并获得谋生、发达之处，立誓承领接纳盘古宗枝永远不休，承诺今后要五年一庆贺，十年一酬恩，长此以往决无逆意，代代相传永不休止。许过愿后，当即圣灵感应，立刻云散天开，海面上也风平浪静了。众人兴奋地高喊"瑶人得救了！"于是，剩下的三船人很快地就靠了海岸。这天是农历十月十六，恰好又是盘王的生日。登陆后大家都百感交集，感恩不尽。于是砍树挖成木碓，把糯米蒸熟舂成糍粑，找来香、钱纸、茶叶等供品，然后在设置的简易醮堂中唱盘王歌、跳盘王舞等进行感恩还盘王愿。以此来谢恩并庆祝瑶民的新生和盘王的生日。此后，瑶民就把这一天作为瑶族"盘王节"，一直流传至今。

（四）程序与内容

瑶民视谢盘王恩，庆丰收保来年五谷丰登、人丁兴旺进行还盘王愿的日子为过盘王节。盘王节举行时可一家一户进行，也可以联户或同族共宗人集聚进行。但不管以哪种形式举办，在节日期间，男女老少都要穿上节日盛装，汇集一起，热闹香堂，并杀牲祭祀，杀鸡宰鸭设宴款待亲友。节日举办期为三天两夜。

盘王节有固定的祭祀程序及内容。首先是祭奉盘王。要完成规定的跳盘王舞、唱盘王歌、跳长鼓舞等，主要是追念先祖功德，歌颂先祖英勇奋斗精神。其次是欢庆丰收，酬谢盘王，同欢节庆，人们可尽情地唱盘王歌。

其具体操作仪式主要分为两大部分进行。第一部分是请圣、排位、上光、招禾、还愿、谢圣和庆贺。这部分活动从始至终都有唢呐八仙乐队全程伴奏；第二部分是请前来参加节日庆典的瑶族祖先神和全族来宾各自共同进行"流乐"

吹唢呐（廖维 摄）

（瑶语是玩乐意思）。流乐仪式一般举行一天一夜。

在筹备时，先搭架醮堂，设置祭坛，悬挂诸神像。元始、灵宝和道德天尊的三清神像置于中堂盘王神像的后上方，盘王像置于祭坛上的正中处，左右挂放真武、功曹、田公、地母等神像。另外，在主场的周围还张贴"国泰民

安""万代兴隆"等类似的条幅标语。在神像前的案桌上摆放敬奉盘王的香炉、香、大猪头、糯米糍粑、鸡肉、米酒、茶水、果类等供品。筹备工作就绪，时辰到时，接连鸣放枪炮五声，鞭炮齐鸣。然后，代表十二姓瑶族的十二名族老寨老手持点燃的香炷健步走在前面，十二位年轻男子扛着十二面彩旗随后，紧接着就是长号唢呐锣鼓乐队、长鼓舞蹈队、盘王歌舞队等等列方队，步伐整齐地随着乐队的奏乐声走进场中心。族老寨老们走到祭坛前给盘王作揖进香后，向后退一步便列横队领着祭拜队伍给盘王及诸神连续行拜十二拜。祭祀拜礼完毕，接下来就按规程一步步地进行下去了。在主场外有的地方还进行有猜灯谜、对唱情歌和顶竹杠等民族文体竞技活动。

跳盘王舞，其舞蹈包括《铜铃舞》《出兵收兵舞》《祭兵舞》《捉龟舞》等，其中《铜铃舞》最具特色。跳《铜铃舞》时，师公们一手拿着铜铃一手持着骨剑，唱着《盘王歌》，伴随着长鼓声翩翩起舞。舞者时而翻腾，时而旋转，时而跳跃，舞蹈动作大多是模仿劳动的动作，如：丬地开荒、播种、植树造林、伐木、狩猎等内容，动作粗犷大方，节奏复杂多变。整个场面气氛热烈，给人一种时而似在山野般的粗犷、奔放的感觉，时而又像深入到那种仙女在群山峻岭的石坪上随着高山潺潺流水飘飘舞剑的境界。

唱盘王歌，主要是以七字句式诗，叙述盘王一生的事迹。诗句洗练，歌声曲律古雅而又浑厚。盘王歌舞

跳长鼓舞（廖维 摄）

一般都以锣鼓唢呐声伴奏，舞步动作忽而上跳，忽而下蹲，忽而左转，忽而右旋，动作健美、威武，以此再现瑶族先民勤劳耕种、狩猎、出征杀敌的一幅幅画面，同时，又有男女伴唱。整个场面气氛热烈，舞曲声调和谐，优美动听。

长鼓舞，分为"单人舞""双人舞""群舞"等类型。它有七十二套表演动作。其主要是表现生产、生活的内容。如建房造屋、犁田种地、模仿禽兽动作等，形象生动，富有生活气息。动作特征为粗犷、勇猛、奔放、刚强、雄劲、剽悍、洒脱的模样。不管是跳、跃、蹲、挫或旋转、翻扑、大蹦、仰腾等姿势，都表现了瑶族人民热情奔放、坚强勇敢的性格特征。表演时，鼓手左手握住长鼓腰上下翻转，右手随之拍击，边舞边击。舞姿刚健，风格淳朴。表演时，一般以唢呐、锣鼓伴奏，有时也有男女合唱"盘王歌"来助兴。长鼓按其形状分小、中、大三种类型。小长鼓亦称短鼓，长70—90厘米，鼓腰直径为4—5厘米，两端鼓面直径为8—10厘米；中长鼓亦称为长腰鼓或黄泥鼓，长为110—130厘米，鼓腰直径为15—20厘米，两端鼓面直径为25—30厘米；大长鼓亦称赛鼓，长为180—200厘米，鼓腰直径为20—25厘米，两端鼓面直径为30—40厘米。同练瑶族乡瑶族表演长鼓舞使用的是小型长鼓。

（五）特征与价值

据有关文章这样陈述道："瑶族地区过的盘王节是古老风土习俗的，早在晋代干宝的《搜神记》、唐代刘禹锡的《蛮子歌》、宋代周去非的《岭外代答》等典籍都有载述。《岭外代答》中说：'瑶人每岁十月旦，举峒祭都贝大王于其庙前，会男女之无夫家者，男女各群连袂而舞，谓之踏摇。''踏摇'即是'跳盘王'（还盘王愿）。""瑶族盘王节又叫还盘王愿，是瑶族人民纪念其始祖盘王的盛大节日，迄今已有1700多年的历史。在古朴庄重的公祭盘王大典仪式上，瑶族男女老少都穿上自己民族的节日盛装，脸上绽放着灿烂的笑容，用吟唱、祭酒、舞蹈、上香等形式来祭祀盘王先祖，追溯历史。瑶族所崇奉的神祇，有盘古大王、盘王、三清大道、雷王、雨王、竹王、唐王、刘王、暖王、鲁班、李广、灶王，以及翁爷家先等等。这些神祇既有瑶族本民族独特的，也有汉、瑶等民族所共有的。它们有力地表明，瑶、汉等民族在漫长的历

史发展中原是同源共祖的，又是和睦相处、相互交流的。"因此说，其主要价值体现在盘王节祭祀活动是一项民族大团结的节庆活动，是集瑶族传统民俗文化之大成的活动，是一场增强民族的凝聚力和向心力，维系民族团结的人文盛典。

盘瑶族尊拜"盘古圣王"及"盘王"为始祖，认为翁爷家先可保护和庇护人口兴旺，人丁平安，而盘王节起源于对始祖的祭祀。经过长期的发展变化，盘王节已演变成祭祖、娱神、乐人兼有的民间节日。如南岭区新式的盘王节为瑶族全民的盘王节，其形式和内容均有所变化和创新。即，一方面，过去盘王节冗杂烦琐的宗教仪式已经逐步改革，以及大操大办，糜费烦琐之风也有所节制；另方面，盘王节中表现瑶族文化精粹的歌舞如歌颂其祖先创世、迁徙、耕山、狩猎的《盘王歌》和表现其生产生活的《长鼓舞》等内容得到继承、发展和提高。如今的盘王节不仅发展为庆祝丰收的联谊会和青年男女寻觅佳偶的契机，而且已提升为民族非物质文化遗产的传承和借此民俗文化来发展民族旅游业、推动地方民族区域经济发展的高度来举办盘王节的层面了。盘王节期间，从一般的祭祀活动发展到有民族物资交流、商品展销及各项文体表演竞技活动等内容，这都是带给盘王节的新生事物。观看盘王节祭祀的人数众多，并且都来自五湖四海的，有便于广泛进行民族文化和物资交流。

（六）传承保护

盘王节的传承方式是以师传为主的。瑶族还盘王愿或过盘王节是由家庭个体或者同宗共祖的族人群体为单位筹备主办的。举行时，由主办单位做好计划，筹备好所有的祭品和安排好做法事的师公、师娘及其他相关人员。祭祀仪式及执行的全部程序及内容由师公师娘们来具体操作完成。因此，举行还盘王愿或过盘王节，族中必须要有精通宗教文理道法的师公师娘。随着社会经济的发展，多元文化盛兴和外部文化的渗透，农村原自然生活秩序发生了重大的变化，导致对新生事物盲目崇尚的人们特别是不少青年人认为本土文化"俗"，产生思想上的淡薄。同时，区域内许多男女青年汇入外出务工浪潮，当脱离本地这片土地越长，接受其文化空间熏陶的时间就越短，从而对传统文化价值观产生了认识上的偏差。另外，在民间热爱学习当地民俗古典文化和用心接受师父传予举行还愿过盘王节仪式教程的骨干人才已青黄不接了。可以说，目前在融水区域内的瑶族村屯，从80后的男女青年中找不到一个人会跳一般盘王舞、唱瑶民歌的人了，更不用说今后能承传好盘王节、唱好《盘王大歌》。要保全好盘王节或还盘王愿的程序内容，仅靠保藏一部书，一本歌本是不够的。那批老师傅过去了，没有新师傅接上，到时手捧着那歌本不会用瑶语唱，传承就断了。在瑶族人口集中地方如同练瑶族乡，应该向广东的连山、连南、连州和乳源等县（市）的同胞学习，从小学到初中每周都利用一至两节课外活动课时进行《盘王舞》《盘王歌》《长鼓舞》的基本知识培训，使瑶族的后代从小就有个潜移默化的过程，对今后学习民俗文化、盘王节传承都是很有意义的。

十四、龙舟节

（一）历史渊源

龙舟节流行于融水镇。关于融水镇民间划龙舟（俗称扒龙船）的起源，县志记载：清代康熙年间（1662年），该活动在融江流域已经盛行。有关划龙舟的传说，不同民族、不同地区，各有不同，境内盛传的是为纪念战国时期楚国诗人、政治家屈原而举行的。农历五月初五端午节，由民间

融水龙舟节主席台（融水文联提供）

龙船会组织，融水沿岸的村庄和街道群众各自组成数支队伍汇集融江，进行竞赛活动，龙舟节因此形成并传承至今。二十世纪六七十年代，龙舟比赛被视作"四旧"曾一度中断。1978年后，划龙舟习俗得以恢复，至今已举行了26届。

（二）活动过程

融水龙舟，长为18至20米之间，宽为1.2米至1.5米，船的首尾都装上用木雕刻或竹子扎成的龙头、龙尾，船体和龙头、龙尾彩绘龙鳞，船上插上队旗。在水波映影下，一条劈波斩浪的蛟龙栩栩如生。每条船人数通常为26人，其中12对桨，鼓手、舵手各1人。比赛地点在融江水面举行，逆水划程800至1000米，比赛按分组淘汰制进行角逐，视参赛队多寡定出排名队数。每轮发船只数根据参加队数而定，少则4艘，多则8至10艘不等。旧时，划龙舟均为清一色的男性青壮年，随着时代变迁，女子队以独立形式加入划龙舟比赛行列。英姿飒爽的妇女们奋勇当先、努力拼搏的精神，丝毫不弱于须眉男儿。

确认身份（覃宁 摄）

依传统习俗，赛龙舟之前，各村寨、街道龙舟队都举行"请龙"仪式，人们来到置放龙船的专用房（四周无围墙）前祭祀，点香烛，烧纸钱，供以鸡、米、肉、果、粽子等，尔后起船、燃放鞭炮。气氛庄严肃穆。一是有纪念之意，二是祈求农业丰收、风调雨顺、去邪祟、禳灾异、事事如意，三是保佑划船平安。总之，用群众的话说，"图个吉利"，它表达了人们内心良好的愿望。活动结束将龙舟放回原处，喻为"收龙"或"藏龙"。

中国民间文艺之乡

龙舟比赛的规则：每艘参与人数26人，其中鼓手1人、舵手1人、划手24人；参加人员须赛前到龙船会人员验证后将龙舟划向起点处，以龙头最前端为直线排列；当主事人发出"预备"口令时，各划手应把划桨举离水面，发令开始后，划桨方可入水；当发令人发现有抢先起航者，起点裁判员鸣短哨，途中裁判也举旗、鸣短哨召回；每条航道宽度为12米，竞赛过程中鼓手、舵手不能摇桨助划，龙舟不得超越航道。冲线时各队龙舟必须从指定的航道进入终点；比赛以各龙舟龙头最前端到达终点的先后确定名次；参赛龙舟队须服从龙舟会的裁定。

是日，融江河面叶叶扁舟，龙船如梭。比赛开始后，江面上一组组龙舟竞发，彩旗猎猎，各队之间你追我赶、奋力拼搏。沿河两岸七八万观众欢声雷动，助威声、鼓声、鞭炮声、呐喊声响彻融江上空，热闹场面蔚为壮观。参赛船只多时，从上午9时开始，至下午5时方才结束。按习俗获奖队每队奖以烧猪一头、

比赛开始（覃宁 摄）

鼓点指挥（覃宁 摄）

掌舵航向（覃宁 摄）

奋力拼搏（覃宁 摄）

锦旗一面，还有奖金。龙舟节期间，各民族群众从四面八方汇聚融城，街道上人头攒动、熙熙攘攘，无比热闹。获奖队和未获奖队回到村寨、街道后，都会摆上酒席共度节日，融城到处洋溢着欢愉的气氛。

龙舟节是一项民间体育水上竞技活动，其历史悠久，在境内有着深厚的群众基础，为人民群众所喜闻乐见。1996年以来，自治县人民政府对赛龙舟这一民间体育活动十分重视，并给予引导和扶持，规模上由原来的二十多支增至近百支，参赛地域除融水外，还有融安、三江等县。农历五月，融水多为雨季，河水上涨，江面水流湍急，不利于活动举行，后来将日期改在9—10月之间，活动寓意依然。

划龙舟技艺为群体传承，传承方式由各村寨、街道老一辈划手相传。当下，融水境内有男子龙舟队33支，女子龙舟队8支，共41支，每队队员30人。其中，水东村有14支，下廓村8支，城南社区2支，红色村3支，红光村2支，新国村3支，西廓村3支，新安村4支，汪洞乡达洞村2支。平均年龄33岁，20岁至25岁的占10%，26岁至30岁的占30%，31岁至35岁的占30%，36岁至40岁的占

20%，41岁以上的占10%。由于受打工潮影响，外出务工人员已占30%，队员年龄渐趋老化。因此，对培养新人工作和进一步扩大民间传统文化活动项目的宣传工作亟待加强。

（三）传承现状和意义

龙舟是文化之舟，也是精神之舟，它承载着人们的追求与理想，贯穿于历史及未来。龙舟赛源远流长，在我国南方及北方有湖泊的区域十分流行，1980年，赛龙舟被列入中国国家体育比赛项目，并每年举行屈原杯龙舟赛。传到国外后，同样深受各国人民的喜爱并形成了国际比赛。1984年国际龙舟大赛在中国香港举行，有美国、德国、日本、英国、新西兰、新加坡、泰国、马来西亚、澳洲，以及中国澳门、香港等地区16个队参赛；龙舟文化无界地，融水的贝江、致意、达洞等队被称为广西劲旅，多年来，在参加国内、国际赛事中，均取得良好成绩。如第九届全国少数民族传统体育运动会龙舟赛、第二届防城港国际龙舟赛、南宁国际龙舟邀请赛等，均载誉而归。

举办龙舟节对提升融水知名度、美誉度，促进旅游经济发展起到积极作用；传统社会，聚族而居，赛龙舟往往是在村与村、各民族之间进行，赛龙舟对外展示自我形象和实力，对内则起到凝聚力量、团结人心的作用；龙舟赛是一项为崇尚华夏英雄而逐渐发展起来的民族传统体育运动，是中华民族体育文化的瑰宝，是继承和发展的重要民间体育运动之一，它包容了各个民族对传统体育文化的价值取向，对推动全民健身运动有着独特的现实意义。

浪里蛟龙（覃宁 摄）

十五、黑饭节

（一）历史渊源

黑饭节，又称敬牛节。古时候，苗族先民开始并无耕牛犁地耙田，而是用锄挖脚踩，劳动强度相当大，累死累活，苦不堪言。后来，有一位名叫勾利的先祖在深山老林中装套捕猎，捕获得一头大野牛，便牵回家进行驯养，用来耙田犁地。可是，野牛兽性十足，凶猛无比，干农活时，狂奔乱跳，时而爬上田坎，时而跳下田底，还不时转头咬伤主人，弄得勾利哭笑不得，难以对付。实在无计可施，勾利便上天去请求菩萨（圣祖母）帮忙。看见勾利老实忠厚，态度诚恳，菩萨即答应下凡人间进行指教。第二天勾利按照菩萨的吩咐又牵着野牛下地耙田，一到田头，只见菩萨早已站在田边等候，勾利还来不及与她打招呼，她便对野牛说："听说你长有一口整齐洁白的牙齿，十分好看，快张开嘴，让我欣赏欣赏！"野牛听见菩萨赞扬自己，无比高兴，顺从地张开了嘴，菩萨用手一抹，野牛上颚门牙全部脱落，从此上颚门牙一片空白，这

蒸五色饭（郁良权　摄）

就是牛上颚无门牙的来由。此后，野牛不再疯狂、逞凶咬人，乖乖听从人们的使唤，任由主人牵去犁地耙田。

年复一年，野牛与人的关系已十分密切，勤劳诚实地为人干活。在十分劳累的时候，野牛对主人开玩笑说："田是我耕的，饭是人吃的，这太不合理了。"人们思来想去，这话似乎有一定道理。勾利日夜寻思着怎样才能使牛心满意足？经过反复思考，终于想出了妙招：决定择日弄好饭菜为牛举办敬牛节，并将此事告诉了牛，牛听后高兴得差点儿跳了起来。

农历四月初八那天，勾利发动父老乡亲一律停工，蒸制黑米饭，杀鸡宰鸭，大弄酒席，并对菩萨祭拜供奉，拿黑饭、甜酒喂养耕牛以表谢意。久而久之，自然形成苗家过黑饭节的传统习俗。

（二）节日过程

黑饭节到来的前一天，各家各户的壮年人上山割草，为耕牛节日备足草料；青少年则上山采摘一种叫"蒐弱沙"（苗语即黑饭叶）的树叶，配以一些枫树叶，拿回家用舂碓将其舂碎，取出盛于一个小盆里，加适量的清水拌匀，然后过滤，取出黑黝黝的水，用其来浸泡洁白晶莹的糯米，浸泡三五个小时后，待米粒浮大松软后，放进特制的蒸笼，用微火加热蒸它半把个小时，查看米粒熟透即倒进

五色饭（郁良权 摄）

簸箕或专用的饭盘里，用手揉搓几番，冷却后黑亮的黑饭即成。黑米饭，不仅香味扑鼻，松软可口，还具有强筋护骨、益精养气的疗效呢！

黑饭节这天，全寨一律停工，也让耕牛休息，家家户户蒸黑米饭，杀鸡宰鸭，抓鱼捕蛙，取出酸鱼酸鸭，酿制甜酒，备办宴席，邀请寨内寨外其他兄弟民族、亲朋好友一同吃喝共欢。早餐前，先祭祀先祖，将弄好的各种肉类、黑饭、甜酒摆放在火塘边的地面上，家中主人面朝东方，虔诚地对先祖和耕牛祭敬供奉，念叨祭词：

> 今日农历四月八，
> 良辰吉日好天气，
> 天晴地暖万物欢；
> 我们欢度黑饭节，
> 一来感恩老天爷，
> 二来感恩前先祖，
> 三来感恩老耕牛，
> 苗家今日能富裕，
> 全靠你们的恩赐。
> 今拿酒肉来供奉，
> 　请吃饱喝足，
> 继续保佑苗家，
> 来年风调雨顺，
> 秋收五谷丰登，
> 家家人丁旺盛，
> 户户钱财大发。

祭毕，掐点点肉、糯饭，倒几滴酒于地面；烧香根、燃冥纸，鸣放鞭炮后，到场所有人按资排辈，从大到小每人喝一杯内脏酒，拿一坨黑饭和一碗甜酒下楼底喂养耕牛，以示对牛的谢意和尊敬。之后，摆饭桌，主客一同吃早餐。餐桌上，女人们吃饱后纷纷离去，剩下男人相互敬酒、喝交杯酒，尽情痛饮，大声"喊酒"……

"喊酒"是苗家的传统习俗。逢年过节，人们饮酒至酒酣耳热时，主人还要大家来个"大团结"，全体起立高举酒杯齐声呼喊："呀——呜！""呀——呜，呜，呜！"连喊三声，各自将盛满酒杯的酒一饮而尽，杯底朝天，这时酒桌的热闹气氛达到了高潮。

苗家人缘何喜爱喊酒？这得从苗族民间传说谈起。相传很古以前，在高高的元宝山东北面半山腰的密林深处居住着几十户苗族人家，寨子里有位名叫勾努的老人，从小聪明伶俐，智慧超人。他不仅农活、木工、竹编样样在行，还善于酿酒，也特别喜欢饮酒。他酿制的糯米酒闻名百里苗山。每当人们提起勾努，自然会想起他那醇味浓浓的糯米酒。

一次，勾努采用自己生产的香粳糯米酿了九九八十一天的一坛糯米酒，其酒色青黄，醇浓绵甜，芳香四溢，醉不上头。一天，勾努邀请亲朋好友到自家饮酒作乐，酒桌上大家都啧啧称赞勾努酿的酒不仅颜色美，口感好，且气味香，味道清醇，真是妙不可言！这时，一位德高望重、知书识礼的老者站起来说：勾努的酒实在美，现在我们的嘴巴喝到了，鼻子闻到了，双手摸到了，脚也被滴酒淋湿了，唯独耳朵没有品尝到，怎么办？现在我提议，我们用喊声让耳朵也知道酒的滋味好吗？大家表示一致赞同。于是全体起立，高举酒杯，齐声高喊："呀——呜，呜，呜！"（苗语即好啊的意思）连喊三遍，各自将杯中的酒一饮而尽，笑语欢声，气氛浓烈。这一喊，大家顿觉酒更甜，情更切，意更浓，人更乐，喊酒助兴意义更为重大。从此喊酒一传十，十传百，传遍了百里苗山的村村寨寨。从那时候起，每当遇到酒宴，喊酒就形成苗家互祝吉祥、好运，互祝幸福和安康的一种形式，一直流传至今。

随着时间的推移和社会的发展，如今，"喊酒"习俗已走出山区，进入都市。在融水县城的宾馆、饭店和大街小巷，乃至柳州、南宁市的一些饭店都能随时听到"喊酒"的声音。"喊酒"已成为新时期酒桌闹堂的一种时尚风趣。

早餐过后，人们汇集到芦笙坪上，举行斗马、斗牛、斗鸟、斗鸡、赛马、苗歌对唱等传统文化节目，内容丰富多彩，赛事妙趣横生。

夜幕快要降临时，随着各项节目的结束，观众才依依不舍地散去。

融水山区苗族不论村寨大小普遍过黑饭节，杂居在苗族地区的瑶、侗、壮

等民族也普遍过黑饭节。节日当天，苗族和其他兄弟民族，相互邀约，举办节日活动，同吃共饮，友好联欢。

十六、依植、南修芦笙会

依直、南修芦笙坡节，是融水中部地区安太乡林洞附近一带村寨共同的节日。每年农历正月初一，乡民们不约而同地来到这里，通过举行扮磨个、驱邪、祭笙坪、跳踩堂、赛芦笙等活动，欢度新年。

（一）历史渊源

一般来说，苗族的芦笙坡节，是从古老的芦笙坡节中分出来的，而古老的芦笙坡节又是从最古老的芦笙坡节中分出来，嘎直、南秀芦笙会就是通过这种

磨个闹新春（龙涛　摄）

"分坡"的方式而产生的。

传说，在都郎河流域，苗族俗称"千四河"，即流域两岸居住有一千四百户人家。过去"千四河"一带只有荣塘寨附近有两个芦笙坡节，一个是依直芦笙会，另一个是南修芦笙会。安太林洞一带村寨没有芦笙坡节，

磨个闹新春（龙涛　摄）

到荣塘赶芦笙会，往返路程要三天，十分不便。后来林洞人与荣塘人协商，荣塘人同意将芦笙坡节分出来给林洞，并在林洞的大寨寨脚和培孟寨底分别建立两个芦笙会，名字仍然是依直芦笙会和南修芦笙会，作为林洞的大寨、培科、培孟，寨油、培正、培地、寨怀、洞安等村寨共同的芦笙会。这就是依直、南修芦笙会产生的由来。

（二）活动过程

正月初一上午，人们在赶依直、南修芦笙会之前，要先去观看苗族人聚居的大寨屯、培科屯举行的驱邪活动及侗族人聚居的寨油屯举行的"磨个"活动。

驱邪活动是从大寨、培科两屯中挑选出身强体壮的中青年人，组成若干支人数为九、十一、十三不等的驱邪队伍。驱邪队的领头者身披花格红毛毯，头戴古钢盔并插着雉尾毛，手持宝剑。其他队员披着苗锦被面，或提着棍棒，或拿着砍刀，装扮成威武的天兵天将。按照寨老"前门铁炮九响，后门铁炮三鸣，寨中要道铁炮七放"的做法，一时间，铁炮轰鸣，震天动地。接着在"咚

咚咚"的鼓声中，驱邪队伍发出"呜唔！呜唔"的呐喊声，边喊边舞动手中刀剑棍棒，一路驱赶，一路追杀。从寨头到寨底来回往返三次，再回到指定地点，最后将邪毒恶魔驱逐到海洋的尽头——"坑就罗，南就里"（苗语，即天涯海角）。最后由一长者念消灾灭祸、吉祥平安理词，宣布驱邪取得胜利。

传说，很古以前的一天夜里，"慕堆"（天神）托梦给寨老，说有邪魔在林莽里作怪，它摧断树、铲断草，淹田又毁地，还要残害山民，山寨危在旦夕。为了保护子民世世代代安康，特命天兵天将于每年正月初一下凡，扫除邪魔，到时令你集合寨民，共同驱邪。寨老遵照"慕堆"的托咐，来年初一，组织寨上的人扮成天兵天将模样，驱魔撵邪，以保山寨安宁，民众平安。从此，驱邪活动，世代相传，延续至今。

磨个，人们视为消灾灭祸，祛邪赐福的神灵。扮演磨个是由林洞的寨油等侗寨组织开展的又一项活动。磨个由男性青壮年扮演，人数一般为九、十一等单数，装扮时穿着妇女蓝靛布衣服，头包扎花格蜡染巾，用棕树皮将脸遮住，扮成磨个姑娘、磨个老太婆模样。装扮完毕先集中祭祖，祈盼先祖显灵保佑，而后到寨子里的各条巷道游荡，若碰见老年人祝他延年益寿；遇到小孩摸一下头祝快长快大；看见漂亮姑娘或英俊小伙子则又是抓又是抬，让他们躲避不及，出尽洋相。其目的有二：一是魔鬼也会迷恋靓妹帅哥，磨个抓他们是要赶走缠附在他身上的鬼怪和晦气；二是喜庆节日，通过抓

驱邪闹新春（蒋忠宁 摄）

中国民间文艺之乡

人抬人,让那些漂亮的姑娘、小伙子出些洋相,闹些笑话,以此让大家快乐。因此,人们往往沉浸在闹着乐着的时候,常遭磨个来个突然"袭击"。当然,人们也都乐意让磨个来接近自己,讨个平安。数小时后,磨个在鸣铁炮、放鞭炮声中,沿着指定线路至拐弯偏僻处卸妆,磨个活动结束。

驱邪和"磨个"活动刚刚结束,赶依直、南修芦笙会又将开始。穿戴节日盛装的各村寨芦笙队在手执芭芒草的寨老带领下,扛着芦笙,挑着祭品,提着鞭炮,前往依直、南修芦笙坪。各支队伍到达后,先绕芦笙柱三圈,将树叶铺在芦笙柱脚前,摆好祭品,点燃香烛,烧冥纸,寨老念祭词,其意是借助神力、龙威力量使芦笙响彻天空,让田园丰收,事业兴旺。念毕,大家朝芦笙柱拜三拜,喝点酒吃点饭和肉。接着芦笙头面向日出方向,起领奏曲,拉开了大型芦笙踩堂舞的序幕,但见场上芦笙踩堂、芦笙齐奏、芦笙同年、芦笙比响等芦笙舞蹈交替上演,高潮一个接着一个。节日活动持续到太阳西下,人们才渐渐离去。

按传统习惯,大寨、培正两寨先进依直芦笙坪,再进南修芦笙坪。培科、寨油、培孟三寨先进南修芦笙坪,再进依直芦笙坪。从初二开始,外地来的芦笙才能进依直、南修芦笙坪,与东道主芦笙队一起热闹联欢。

芦笙会上,我寨进你寨的芦笙坪,你寨进我寨的芦笙坪,你来我往轮换场

祭拜祈福(蒋忠宁 摄)

地开展活动，是村寨之间，群体之间乃至个体之间友好友爱，彼此尊重，交流切磋技艺的反映。芦笙会是各种文化娱乐集中展示的场所，通过展示来衡量、比较各自的演艺水平。如哪个寨子的踩堂舞跳得好，哪个寨子的姑娘服饰最漂亮，哪个队的芦笙头领吹奏最有感染力，哪个师傅制作的芦笙美观又响亮等等，让观众一一欣赏品评。通过轮换场地互动方式，互相观摩，互相学习，互相交流，取长补短，有助于民族艺术的提高发展。

十七 龙狮节

（一）历史渊源

龙狮节流传于汪洞乡及周边乡镇。该节以壮族、汉族为主体，为各民族同胞喜闻乐见。活动在每年农历正月初十举行，龙狮共舞是重头戏，同时还有芦

高台舞狮（郁良权 摄）

中国民间文艺之乡

笙踩堂、斗鸟、书画、壮族彩调、唱山歌、龙狮扎花等内容。"龙头"和"龙珠"用铁线构造形象,"龙身"以竹编为主,长20至30米不等;炮龙一般长20米以内为宜。外用纱布丝绸缠绕,并傅鳞于身,龙的颜色可根据民族风俗而定,一般以青龙、白龙、黄龙为主,而狮子主要以双狮为主(雌雄或母子),狮头为铁丝结构,套上锦袍,活灵活现,彰显吉祥盛世。双狮走金山是狮子表演的重头戏,表演极为独特。

群狮共舞(郁良权 摄)

　　早在明末清初时新合村如领屯罗德发等群众拜请拳师韦朝康、韦朝算为师,开武馆练舞龙舞狮。传说有一年春节,他们出狮至宜北(今环江县境内),由于技艺过不了关,狮队被人征服,一败涂地,扫兴而归。罗德发回来后忍辱负重,变卖家产,重整旗鼓,苦练三年。尔后重新出狮宜北、贵州,所到之处过河无桥则翻筋斗、城门关闭则飞檐走壁,龙、狮队人员跨河、飞墙、闯关手脚并用,狮舞如常,锣鼓声齐整。一路上逢村挽留,过乡招请,正月出发直至芒种插秧方回。龙队第四代传承人银继航、银树成率队参加2008年柳州市龙狮争霸赛获得第二名;汪洞龙狮队曾多次受邀到自治区内外进行彩演,其武德一直流传至今。曾荣获县体委赠"技艺精湛"锦旗一面。第四代狮子队成立于1995年冬,以第四代传承人廖运达为师傅,由原来的单狮改为双狮。练就双狮上金山等高难动作。中国是龙的传人,相传古代壮族先人在开春前就有祭祀龙神的习俗。随着时间的推移，活动逐渐演变、发展。当地先后建有龙神庙、龙潭、舞狮馆。每年正月初一至初十各村屯有舞龙舞狮拜年的习惯，龙狮扎花时间是大年初二，每家每户放鞭炮相迎，意在祈求风调雨顺、五谷丰登、生意兴隆。初七过后，当地龙狮受邀到各地进行打同年、唱彩调、表演桂戏、武术等交流活动。

此项活动的开展，促进了各民族团结、社会和谐、区域经济发展，同时优秀民族文化得以传承；独具特色的民族文化得到越来越多民众的认同。龙狮表演是一项具有浓郁民族特色的民间传统体育活动，为纪念和传承本民族文化，从2009年开始，定于每年正月初十为龙狮节，并撰有节歌——《龙狮盛会闹壮乡》。由于极富表演性、观看性、娱乐性和独特的民族风格，在当地和罗城等接边地区有着雄厚的群众基础，深受该地区少数民族同胞的喜欢，所以，数百年来长盛不衰。目前汪洞乡已成为依托传统节日的物资流、文化流、信息流、游客流等的交汇点。

（二）活动过程

龙狮节在每年农历正月初十举行，地点设在叫龙狮坪的河滩上。节日当天，汪洞境内及来自周边乡镇、罗城接边地区的各族群众，身着新装，汇集汪洞乡。上午10时，盛大的游行活动开始，由多支文艺队、秧歌队、腰鼓队、舞狮队、舞龙队组成，由多名男青年分别抬着"龙狮标志"领头，接着是穿着民族盛装的芦笙队伍沿道游行。途中锣鼓喧天、吹笙起舞、鞭炮齐鸣。进入主会场后，先是秧歌表演、腰鼓表演、文艺队表

舞龙（郁良权 摄）

演，芦笙大踩堂、龙狮扎花；接着是各支龙队和狮子竞技表演。之后是重头戏——龙狮共舞。最后是惊心动魄的节目——狮子上金山。其间，各分场还开展斗鸟、斗歌、演壮戏、书画展等活动。另外，还有商品交流会，各种货物琳琅满目，供人们随意选购。晚上进行水上放龙灯、文艺演出、篝火情歌对唱等活动。

龙狮节特色鲜明，内容丰富，运动量大，观赏性高，具有自己鲜明的特点和民族特色。主要传承人有银继珩，1958年出生，男，农民，壮族，汪洞乡人，他从事民间道具"龙"的制作，沿习祖传手工艺，在传统文化传承中带徒18人，是逢年过节舞龙表演和"龙狮节"的带头人，是家族传承体系的第四代传承人。2010年获评县级、市级民间艺人和代表性传承人。廖运达，1961年出生，男，农民，壮族，汪洞乡廖合村人。他从事民间道具"狮"的制作，在传统文化传承中带徒近百人，曾在省内外传授技艺多年，是远近闻名的"狮王"。其代表作为"狮子上金山"，是家族传承体系的第四代传承人，2010年获评县级民间艺人和代表性传承人。

十八、热伴节

滚贝侗族乡"热伴节"，侗语原叫"叶班"节，是该区域最隆重的民族传统节日，在每年的农历正月初二至正月十五之间举行，节日一般持续三天左右，活动内容包括侗族人民交朋结友，芦笙聚会，侗歌对唱、斗马、斗鸟、舞龙、舞狮、文艺表演、篮球比赛、行歌走妹等。

侗语"叶班"，是指侗族打同年、走亲访友、做伴的意思。早在明朝时期，滚贝就开始有"叶班节"的活动。清朝至民国时期，滚贝就有赶"花会"聚会活动，就是每年的阳春三月杜鹃花盛开的时候，由大云村青年牵头，各侗族村男女青年聚集到滚贝至大云河段中的杜鹃花坪赏花、走妹、唱侗歌、谈恋爱，但不固定哪一日，一般活动三四天。1988年经滚贝侗族乡人民代表大会第五届一次会议讨论通过，将原来的"叶班"改成"热伴"（仍是打同年、做伴的意思），并把每年农历正月十一定为"热伴节"。1989年农历正月十一，滚

广西融水

滚贝侗族热伴节（龙涛 摄）

贝侗族乡在大云村（乡政府所在地）举行第一次大聚会活动。这次活动，滚贝侗族乡芦笙协会邀请了怀宝、安太、洞头、三防、汪洞等乡镇的芦笙代表队以及本乡各村的芦笙代表队共30多堂芦笙，两万多（含来看热闹的外地人）各族人民穿着各种民族服饰汇聚乡政府所在地，两千多把芦笙高歌猛奏，真是地动山摇，热闹非凡。

过去热伴节仅限侗族的村与村、屯与屯的群众结伴打同年。20世纪80年代后，侗族人们扩展到与其他少数民族结伴打同年了。侗族结伴打同年以吹芦笙为主要牵引，因为芦笙是侗族和其他少数民族欢庆丰年，同歌升平盛世的标志。

节前，邀请方（主方）先召开村民小组长会议研究决定，今年邀请哪个村来做伴，并把村民小组的决定通知各家各户知晓。然后提前三五天派人去被邀请方（客方）村送邀请柬。去送请柬时，从村中挑选两名男青年和两名女青年作代表，携带一把小芦笙，两圈鞭炮，一个大红包装着的请柬，去到客方的寨边时，一男子先吹奏芦笙曲三首，预告我们来送请柬。这时客方即刻组织本村芦笙队到芦笙坪吹芦笙迎接。当送请柬的青年男女来到芦笙坪时，代表主方把请柬的红书贴在客方最大一把芦笙上，然后拿小芦笙的男青年与客方芦笙队合吹芦笙三曲，另一男青年则解开他们带来的两圈鞭炮，绕圈子在吹奏的芦笙队外围燃放。客方的人也要燃放一圈鞭炮以示还礼，然后由吹大芦笙的人摘取请柬宣读，并盛情地拉着前来送请柬的男女青年进家做客。

按请柬上的日子确定后，主方要做好如下准备工作：一是请芦笙师傅来把所有的芦笙逐件检查修理好，确保把把芦笙都要用得上，吹得响。二是安排好后勤人员，做好后勤服务工作。三是做好环境卫生和安全保卫工作。四是在本村路口扎好松门，松门两边要贴上"莺歌燕舞百花艳，霞蔚云蒸大地春""尧月春暖遍地笙歌祝盛世，舜日风和百家玉韵庆丰年"等具有浓郁春意的对联，展示热伴节的民族特色和气氛，迎接客人的到来。

客方也要做好赴会的准备。主要是组织安排好芦笙队伍，各家各户除个别守家外，全寨男女老少尽量参加，前往邀请方做客。

节日这天，宾客都要穿着本民族靓丽的服饰：男人穿本民族黑亮的家机布唐装衣服，头包长条黑纱丝线绣头巾；妇女不论老少都要穿着蜡染光亮、绣花扁带的侗族服装，还要戴银项链、银钗、银手镯，人人都打扮得漂漂亮亮的。当天，不仅有被邀请本村的客人，也还有一些外来亲戚朋友来观看热闹，共同参与，欢度佳节。

热伴节报到这天，主方要派两男两女持一把小芦笙，另拿圈鞭炮到客方村去接客人。客方村民穿着本民族亮丽的服饰，扛着芦笙，抬着鞭炮跟着来接的男女主人前往赴会。他们当中由一名芦笙手（也叫芦笙头）持一把小芦笙走在队伍的最前面，边走边吹引路曲。当队伍来到主方寨门外时停下来，集体吹奏芦笙三曲，表示我们做伴来了，这时主方及时组织全村男女老少到寨门（松门）站成两行吹笙，夹道欢迎。松门中间摆着一张桌子，上面摆有一个茶壶，8个茶杯和几包香烟，一桶热茶。当客方领头人吹着小芦笙率领队伍走到松门时，主方男女青年热情地敬茶、献烟。另一组中年男女就唱侗歌举行"拦门礼"，客方也推选几名能说会唱的歌手前来应答，礼毕，宾主要从松门外开始

热伴节山歌、侗歌演唱会（龙涛 摄）

燃放鞭炮，主人放鞭炮欢迎客人，客人放鞭炮祝福主人，一直燃放到村中的芦笙坪，这时宾客芦笙大闹堂，在芦笙坪吹奏十多曲后开始踩堂。踩堂当中，主方牵来了牛、猪、羊，围着客方踩堂的人绕三圈，接着，主方在芦笙坪中间摆放一张台桌，将一个猪头、一条酸鲤鱼、一盆糯米饭、一个红蛋、三杯酒，一筒米上插三支燃烧着的檀香敬祭祖先。由一名德高望重的老者站在台前，语重心长地讲述吹芦笙，做伴打同年是先祖传承下来的好事，大家都要珍惜先祖的意愿，把这种传统习俗继续传承下去。今天我们结伴打同年，希望大家开开心心，欢欢喜喜，愉愉快快过好节，祝大家吃好、玩好、喝好！说毕，继续吹芦笙踩堂。上百名女子个个穿着本民族漂亮的服饰，手持鲜花或者白手巾，在领头女子的引领下，跟着芦笙曲调走在吹芦笙男人外围，从右转左翩翩跳舞。她们穿戴的银饰项链，也随着笙歌舞姿刷刷作响。银饰如雪花映射，令人目不暇接，美不胜收。

芦笙踩堂结束，这时主人才"抢"着客人到各组做客。抢得多的组感到十分幸运和高兴，抢得少的组感到十分惋惜。

晚宴，以小组为单位组合就餐。就餐前主人要燃放花炮，以示就餐开始。桌桌摆有猪、牛、羊肉及禾花鲤鱼、酸鱼、香菇、干笋等丰盛菜品，酒以本民族自己酿的重阳米酒为主。席间，主方不论男女，三三两两，每人手上端着一杯酒，站起来唱侗家酒令歌，唱毕把酒敬给客人喝；客人喝完敬酒后，同样以酒令歌还礼，把自己的酒杯端起来回敬主人。酒令歌是热伴节最有趣味的环节，喝到面红耳热之时，有的人比赛唱歌，有的人比拼酒量，歌声、笑声、喊酒声、喧哗声响成一片，把村寨节日热烈气氛推上高潮。

晚上还要进行文艺表演和侗歌对唱等文化交流活动。侗歌对唱，主客分组集中到几家对唱，有的对唱到深更半夜，有的唱到第二天清晨。其间，盛情的主家还做宵夜给唱歌人吃。宵夜有打油茶的，有煮汤圆的，有摆酒肉饭菜上桌的，边吃边唱，边唱边喝，情浓意切。

第三天吃过早饭后，客人即将回去。主方把节日所杀的牛头作为礼物赠送给客方，并按客人来的人数，每人送一包两三斤重的糯米饭，一至两斤的酸鱼、酸猪肉，两个染红的鸡鸭蛋作为赠送礼品。在送客人出门时，双方都要吹奏芦笙，唱侗歌，主方还要燃放鞭炮送行。客方队伍回到家后，将主人送来的牛头弄好，设宴组织全屯男女老少一起来吃，"热伴节"打同年做伴活动宣告结束。

滚贝侗族热伴节历史悠久，气氛浓烈，侗族人民爱好团结和睦、热情好客的优良传统，给人们留下了美好的印象。

十九、砍旗节

砍旗节于每年农历十二月十七在良寨乡举行。砍旗，苗语叫"斗质"，其实是收旗，即经过一定仪式"砍"，然后"收"起来。这是良寨乡苗、侗族群众由来已久的传统节日，也有人叫"抢旗节"。

（一）历史渊源

相传三国时期孔明为了平乱安邦，发明芦笙供给苗族、侗族、瑶族等少数民族群众娱乐，得到大家的喜爱和拥护。后来芦笙发展越来越多，仅苗山"十里长坡"，即今贵州的安里、湾里、根里、中里、潘里、斗里、台里，以及广西的大里、国里、林里（包括林浪、林姑、高棍、及格等）就有五千把。那时芦笙集中吹奏的地方是"邓背"（苗语），即广西良寨乡大里村与北柳村交界的宽广坡地。由于芦笙声音过大，惊动了龙潭下的龙宫，龙王龙母派龙女上地面看个究竟。后生见了美貌出众的龙女，十分喜欢，但又怕大家被她迷住，影响吹芦笙，就把她送走。龙女想起父母之命，轻轻地说："你们吹芦笙太响，惊动了龙宫，何时才安宁啊？"大家明白龙女的话，同意分散芦笙活动。因为集中一个地方吹笙，接待客人的任务十分繁重，主办村寨也难以承受。经大家商量，遂分成十六个芦笙坪：农历十二月初一为洞头六进；初二为贵州斗里乡的中里；初三、

砍旗节之公母树　（良寨乡政府提供）

初四为贵州台里；初五为贵州潘里；初六为贵州斗里乡的花甲；初七为贵州西山区的马安；初八为西山区的大丑；初九为西山区的小丑；初十停一天，休息，洗衣服（看芦笙久了，衣服脏了）；十一为良寨乡的国里和大年乡的林浪（两村轮流进坪）；十二为大年林姑；十三为大年吉格；十四为大年高马；十五为良寨甲同；十六为良寨大苟；十七为良寨大寨。

大约公元1030年苗族老人贾老三提议，按苗家习俗和"十里长坡"的安排，把第十六个芦笙堂建立起来，地点在大寨寨底的田墈里，确定农历十二月十七为建堂日，也是"十里长坡"芦笙活动最后一天。

为了纪念这个吉日，贾老三在芦笙坪上亲手种下两株油榨树。后来这两株树枯死了，贾老三也早已去世。后人为了纪念这位老人，继续在此处种下两株杉树，树长大了，一高一矮，人们指高者为公、矮者为母，命名为公母杉。再后来母杉也枯死了，现在仅存公杉，依旧葱茏苍翠。

"十里长坡"最后一个芦笙坪，最后一个活动日，既要欢庆当年五谷丰登，又要预祝来年风调雨顺，还要劝告民众该安心生产了，于是确定农历十二月十七戊辰吉时为砍旗时刻。从这以后，吹芦笙以及其他娱乐活动要暂时停止，待来年秋收后再吹芦笙。

（二）活动过程

这一天，良寨乡与周边各乡镇以及贵州省边境村寨的苗、瑶、侗等各族同胞，身穿节日盛装，从四面八方云集大寨屯，各村屯芦笙队也到芦笙坪四周等待。约中午十二时，首先进坪的是大寨屯、彩路屯、甲乙屯，三个屯的芦笙队从左至右排列，一齐进坪，不得争先恐后。大家吹芦笙、敲锣打鼓绕芦笙坪三圈后，即进入各自的芦笙堂位置吹笙踩堂、表演节目。约下午二时，扮演"变婆"的队伍进入芦笙坪，他们戴着假面具，扮成婆老公老，手拿棍棒，身背鱼篓捞网，边舞手中棍棒边呐喊，绕芦笙坪三圈后，下小河捞鱼虾。此时芦笙坪上开始芦笙比赛，山坡上进行山歌比赛、斗鸟比赛等等。坡会上笙歌阵阵，鞭炮声、欢呼声响彻云霄，整个田墈人山人海，热闹非凡。

广西融水

下午五时，砍旗仪式开始。大寨屯、彩路屯、甲乙屯各选一名男青年作为收旗手在芦笙坪高坎下面等候。传统上这三名收旗手的分工是：一名彪形大汉手持一把锋利的钩刀作砍旗者，一名俊俏盛装的后生作收旗者，另一名中年男子作收杆者。三个屯的芦笙队按进场的队形排列，拿芦笙旗的旗手走在队伍前面，一齐吹奏高亢嘹亮的请客、留客、送客等芦笙曲，绕芦笙坪三圈。当芦笙队护着芦笙旗走到芦笙坪边的高坎时，旗手把旗杆斜放至高坎下，此时全场高呼"呜啊！呜啊！呜啊！"在高呼第三声时，候在高坎下边的男青年把旗杆砍断，把芦笙旗从竿头取出卷起收好（不得落地），砍旗仪式结束。至此，所有的白天活动也全部完成，大家回家聚餐庆贺，等待晚上举办文艺晚会、侗歌苗歌对唱等活动。

赶坡的人流（龙涛 摄）

（三）活动特征

劝世、教育的功能。这天以后，群众就相约不再吹芦笙，专心搞生产，来年农历十二月再聚集在一起娱乐。这就很好地处理了生产和娱乐的关系，该生产时就生产，该娱乐时才能娱乐，不能因为娱乐影响生产。同时，通过坡会各

中国民间文艺之乡

芦笙吹奏（龙涛 摄）

宾客体验芦笙（龙涛 摄）

"鸭变婆"表演（黄汉君 摄）

种仪式所蕴含的道理教育人们守规矩，讲大局，只有搞好团结，促进融洽，才能安居乐业。

涉及范围宽，影响大。活动跨省、跨县、跨乡，场面大，参与群众多。活动由三个村屯共同举办，本县周边乡镇，还有贵州边境的许多群众都来参与。

二十、多耶节

多耶，是侗族地区人民喜闻乐见的一种侗族民歌，深受侗乡人民喜爱。

（一）历史渊源

侗族主要分布在湘黔桂三省交界处及鄂西南恩施地区，总人口约300万人。春秋战国时期，侗族是从古代百越的一支发展而来的，古代的越人是一个庞大的族群，其内分为若干个支系，这个族群到了南北朝时期都被称为"僚"，大概在隋唐时期侗族逐渐演变形成为单一的民族，迄今已有2500多年的发展史。侗族以贵州锦屏县启蒙为界，北上称为北侗，南下称为南侗，分南北两个方言区，侗族民歌也由此形成两种不同的风格。侗族人口虽然不多，也没有文字，但是，侗族人民在长期的生产生活中却创造出灿烂的民族文化——侗族民歌，为人类文明发展做出了贡献。

侗族是一个能歌善舞的民族，民歌主要靠口头流传。侗族习俗每逢年节，村寨之间赛歌、赛芦笙，婚嫁喜事时唱盘歌、拦路歌，民间音乐活动绚丽多姿。

侗族多耶起源于劳动，在古代，侗族先民们为了生存繁衍，必然要与自然界作斗争，比如抬石头砌墙，挖洞穴防兽害；拉木头建木楼躲雨栖身；集体狩猎等。由于劳动需要而产生了丰富的语言，随着语言的丰富与动作的变化逐渐增多，歌舞也就由此而产生。

多耶是侗族音乐中一种最喜闻乐见、形式多样、参与人数众多的侗歌，"多"为含有"唱""舞"等意义的多义词。"耶"为侗族民歌中集体边唱边舞的意思，"多耶"即"唱耶歌"，又称"踩歌堂"，是侗族的集体歌舞。参

中国民间文艺之乡

多耶舞（廖维 摄）

加侗族集体歌舞的人需手拉手围成一圈，跟着领唱的节奏边唱边舞，人们没有尊卑贵贱之分，没有语言隔阂。多耶是在寨和寨之间打同年中的集体歌舞活动。唱时主寨和客寨年轻人男女分队，主男客女、客男主女围成圆圈，女队手牵手，男队手攀肩，边唱边摇晃而舞。女队先唱三支，男队还三支，步女队歌韵歌意。每三支一套，对唱一二十套，最后唱结尾歌而结束。祭萨（侗寨女保护神）时，以及鼓楼、风雨桥等建筑物建成时，也以多耶祝祷或祝贺。"耶"的内容很多："耶萨"（即祖母耶歌），在春节祭萨时演唱；"耶父母"（即父母耶歌）、"耶务本"（即侗书耶歌）、"耶索坐"（即星宿耶歌）、"耶花"（即爱情耶歌）、"耶见崩"（即争取平等耶歌）、"耶短"（即猜谜或问答耶歌）、"耶斜散"（即散场耶歌）……在举行"月也"活动时男女对唱；"耶铺"（即祝贺耶歌）在庆贺典礼中演唱。"耶"的曲调，男女不同，各地有异。流传于侗语南部方言区的女队二声部合唱（也有一声部的），拉腔较长，有的地方每句都重复唱一次，有的地方只重复唱句尾三字；男队只一个

树下多耶（廖维 摄）

声部，由"桑耶"（即耶歌师、耶歌头）领唱一句，众人重复句尾三字或重复整句。多有"呀啰耶！呀啰嗨！"和"耶哈耶！样育号！耶哈耶！"等衬音。

近年来，随着乡村民族文化旅游的蓬勃发展，国家对少数民族地区的非物质文化遗产的传承和保护高度重视，侗族多耶从传统的打同年集体歌舞形式引用到旅游接待、游客共同参与的新表演形式，融于多民族同歌共舞的集体活动中来，很有民族特色，深受国内外游客的喜爱，甚至也有青年男女在酒桌上即兴演唱多耶，相互劝酒、传递情感，非常具有民族风味。

为了更好地传承和保护侗族优秀的民族文化，同时也更好把侗族优秀的民族文化宣传和推广出去，融水县洞头镇、良寨乡、大年乡和拱洞乡等地的侗族人民，每年均在农闲时节举办多耶歌会。在融水县侗学会的积极倡导和支持下，2016年11月洞头镇工会、文广站和洞头村委会联合举办了洞头镇首届侗族多耶节活动，共有5个村屯的200多名侗歌爱好者积极参与，以多种侗歌演唱形式歌颂党恩、赞美新生活，同时也为传承和保护少数民族非物质文化遗产营造良好氛围，深受广大群众的喜爱和好评。

（二）活动的过程

多耶节那天，受邀的各路歌手各自穿着自己最漂亮的侗族服装，按约定时间到多耶场地聚集。女歌手们的服饰非常靓丽，但穿着也很麻烦，她们须在上场前花数小时、三五成群互相给对方梳理打扮一番。首先盘好头发，然后用发夹、银针将头发盘旋固定起来，形成一个凤式钗头，绑好脚筒，围上百褶侗裙，挂上裙坠，穿上上衣，套上漂亮的袖笼，然后戴上各种银饰、手镯，女歌手的装扮就大功告成；相比之下男歌手的装扮要简单得多，他们身着紫黑色的侗布做成的裤子和便服，头上的头巾也是用紫黑色的侗布做成，事先按头部大小围绞好戴上即可。

男歌手（廖维 摄）

大家到齐后手拉手围成个大圆圈，先由主寨男歌手和客寨女歌手对唱，祭萨三声后，主寨主唱的几个男歌手领唱，其他男歌手跟唱，唱罢一首由客寨女歌手答唱一首，如此类推下去。先唱嘎捞当（进堂歌），然后唱嘎扭（扭歌）、嘎布顺（赞美主寨歌）、嘎哼（问歌）、嘎化（十二花歌）、嘎转兜（转兜歌）、嘎姑表（姑表歌），最后唱嘎父母（父母歌）。轮到客寨男歌手和主寨女歌手对唱时，按场上的歌路、内容互对，临场发挥。多耶时歌声悠扬婉转，此起彼伏，声声悦耳、句句流露真情，甚至催人泪下。在场的听众洗耳恭听，时而叫好，时而抽泣，非常感人。如果参加多耶的队数很多，可以分队围成几个大圆圈进行多耶，歌路、内容不限，多耶形式也不限。

（三）传承价值和意义

多耶是侗族文化中最古老的艺术形式，也是侗民最喜欢的自娱性集体式歌舞。对于侗族多耶舞的保护和发展，既是侗族文化之根的追溯，也是保持文化发展延续性的前提，同时也为侗族文化发展提供丰富的资料。随着现代化进程不断加快，在当代文化发展的同时，传统文化生活渐行渐远，侗族传统歌舞文化面临着被遗忘的危险，也使传统文化的生存和发展出现了困境，如何保护好传统文化是一项非常紧迫和重要的任务。多耶一直是侗族传承民族文化的载体，也是侗族文化的一张名片，隐藏着侗族文化的基因。保护好多耶舞文化就等同于对侗族文化的保护。

女歌手（廖维 摄）

多耶是中国侗族的传统民间歌舞形式之一，盛行于侗族地区的祭祀到日常生活的各个层面。多耶舞是侗族人最喜欢的歌舞，透过它的歌舞形式，我们可以看到深厚的侗族文化积淀。因此，保护好多耶文化传承，具有十分重要的意义。近年来，各个民族都设立有代表当地民族风情的旅游点，侗族也不例外，通过对原生态舞蹈文化的展现，多耶舞吸引了各地、各国的旅游者，宣传了侗族文化价值，推动了当地经济的发展。

二十一、糍粑节

主要分布在红瑶居住的融水白云、大浪等山区乡镇。在糍粑节这段时间，附近其他民族没有什么节日，所以都汇聚红瑶寨，使红瑶寨热闹非凡。

中国民间文艺之乡

晒糍粑（融水文联提供）

糍粑节源远流长，相传红瑶的祖先为了生计出远门谋食，到了"九九"重阳节还无法归山。后来他们回到家，已是农历九月二十七日。为了记住这一辛酸往事，先辈们就拿着糯米饭和着野菜舂糍粑，上山打猎下田捉鱼回来聚餐，沿袭下来形成节日。这是人们为了纪念新粮食的收获入库、预祝来年丰收而过的节日。

糍粑节是红瑶传统上特有的节日。节日有吹芦笙、斗鸟、"讨花带"等丰富多彩的活动；有用新产出的糯米舂的糍粑、火烤的鲤鱼、新鲜鱼粥、油煎新鲜鲤鱼或熏制鲤鱼、清水煮鸡鸭、火烧笋、酸鱼、酸鸭、酸老鼠、糯米水酒等美食，可让人们津津有味地享受独特的民族佳肴。

糍粑节最具特色的是青年人寻觅对象"讨花带"活动——

花带是红瑶青年的心爱之物，由红瑶姑娘用五色丝线刺织而成，一般宽有半寸，长有三尺，整条带子图案斑斓，鲜艳美丽。"讨花带"活动是糍粑节期间，红瑶未婚青年为寻觅对象而进行的一项活动，是红瑶传统社会青年联姻的手段。凡欲成亲的年轻人，一般都经过"讨花带"这一关。

这一习俗，沿袭的历史悠久。传说古时候，瑶族有位美丽善良的姑娘仗梅爱慕英俊忠厚的小伙子仗亮，但一直苦于仗亮不知道自己的心思而迟迟不请媒人问亲，自己开口告诉他吧，又难以启齿，她冥思苦想，终于想出了一个好办法：将自己精心织成的花带作为定情之物送给仗亮。仗亮接到花带，方知仗梅

广西融水

深深地爱着自己，于是请人迎娶，两人结下了百年之好。后来，人们根据仗梅的做法，以"讨花带"方式寻觅对象，很奏效，久而久之，成为习俗。

讨花带（郁良权 摄）

传统上，红瑶青年寻找对象不需要媒人牵线搭桥，只要积极参加"讨花带"的行歌坐夜活动，自能找到称心如意的伴侣。"讨花带"其实只是象征性而已，还没有得到姑娘的花带，只有经过"讨花带"活动以后，两人相互认识，相互了解，并且两心深深地相印了，姑娘才将精美的花带作为定情物送给后生。

"讨花带"不论熟人

相后生（郁良权 摄）

第二章 节庆

223

陌生人都可以进行。活动分务虚与务实两个程序。务虚在先，单独一人进行，结果不算数。一个个后生哥须弯着腰一一走过一个个姑娘的面前并伸手到姑娘的膝盖上进行"讨花带"，每个姑娘都要在每个后生的手心上轻轻一点，意为给了花带，如有意则用力一捏。务实时，两个小伙子为一组，一前一后有选择地到某一姑娘面前去"讨花带"，他俩互为帮忙，前者为后者"探路"。如果姑娘看中后者，就在前者的手心上轻轻一点，意为同意与后者谈；如果姑娘不同意就轻轻一推前者的手或说声"先回去"的话。

"讨花带"活动结束后，没有讨得"花带"的后生和没有后生去讨"花带"的姑娘就自觉告辞回去。已觅到意中人的后生、姑娘就行歌坐夜，通宵达旦。以后双方若感情日益密切，就谈到鸳鸯成对，燕子成双。不过，每一次的相约都要经过"讨花带"活动。

糍粑节具有明显的地域性与民族性，体现了红瑶特有的节日文化，是民族交往交流交融的一个平台，为人们交流生产生活物资、交流情感、交流生产经验和寻觅对象提供了机会，对于传承弘扬融水红瑶文化起到积极的推动作用，为区域社会提供了和谐的人文风情。

二十二、土拐山歌节

（一）历史渊源

土拐山歌流行于融水县山外汉族聚居地区，尤以永乐镇的"长岗坡"土拐山歌节最具代表性。"土拐话"（亦称平话）是融水汉族聚居地区主要方言，汉族在全县各民族人口中占第二位。关于融水境内汉族的历史渊源，据民国时期的《融县志》记载，一是在秦汉时代先民被谪戍流入，二是惟自宋置清远军而后，民族之来自湖南、广东、江西、福建省益众。至于土拐山歌的起源以及产生于哪个朝代、时期已无从考证，但是，根据人类生存的两大需求，即物质文明和精神文明，那么它无疑是千百年来，融水境内汉族同胞在劳动、生活中，由于精神需求及抒发情感的需要而产生的。从永乐镇广为传唱的一首山歌中可见一斑，"一路唱歌一路来，一路插花一路开，花开引得蝴蝶舞，花开引

土拐山歌演唱会（融水文联提供）

得蜜蜂来"。它反映了人们乐观向上的思想情操及对山歌的热爱。随着时间推移，人们约定俗成，形成了本区域独具特色的汉族民间传统文化土拐山歌节习俗，并传承、发展至今。

（二）活动内容

永乐乡"长岗坡"土拐山歌节历史悠久，辐射面广、颇具影响力。据民间艺人唐光文说：唱土拐山歌、赶歌会至今已有二十几代人了。每年农历八月十五，均在永乐街附近一个名为"长岗坡"的草坪上举行，"长岗坡土拐山歌节"因此而得名。是日，四村八寨民众向歌会点汇集，依老传统习俗，人们习惯自然形成数个歌群进行对歌，当中不少歌手亦喜于客串，以展示自己的才能。人们通宵达旦，乐此不疲。草坪上人流如梭，赶歌会群众少则三千人，多则近万。随着时代发展，歌节逐渐演变为以擂台形式为主，由本乡民间土拐山歌会组织开展。在场地上设立主歌台，各路参赛歌手抽签后进行对决。对歌时，既有按传统歌本演唱又有即兴放歌，双方你来我往，精彩的对答不断挑动着群众的神经，现场高潮迭起，不时唤起阵阵欢笑声。经评选获得优胜者，由歌会授予镜屏、锦旗及奖金。此外，各村屯在过庙会时，小型歌会也颇多，但举行时间各异罢了。此类歌会大都按民间传统习俗进行。歌节期间，人们以歌传情、以歌会友，寄寓着对美好生活的追求。许多青年男女，通过歌节相知、相爱，最后结为伉俪。

（三）艺术特征

土拐语音方面保持着古音韵系统，声母少而韵母多，古代辅音韵尾保存较为完整，入声韵与阳声韵对应整齐。歌会以男女对歌为主，表现爱情内容的称为"日歌"，叙述故事、介绍地理山川、逗趣或猜谜的则称之"夜歌"，题材包括劳动歌、劝世歌、行业歌、情歌、生活歌、时政歌等。每首4句，以5字、7字最为流行，逢一、二、四句多押平声韵，五声调式，主音阶5、6、1、2、3、5，一人主唱，一人或多人伴唱，形成两个声部效果。歌词善用比兴手法，尤以双关见长，曲调抒情动听、独具一格，给人一种清新、自由浪漫的视听享受。如5字劳动歌：春天人不忙，秋天没有粮。秋天深耕田，丰收在明年。情歌：

土拐山歌节歌手在进行比赛（融水文联提供）

（女）当初同哥上歌台，正当如今花又开。与哥结下情思梦，今日我又寻梦来。（男）寒冬过后春到来，满山又是杜鹃开。正是昨夜梦见妹，今日就见玉人来。（女）哥在西来妹在东，人隔千里心相同。今日相见心头醉，面色好比映山红。（男）只因与妹情义重，早想与妹来相逢。想到今夜能相见，一日做完两天工。叙述故事歌：……第七古人是孔子，教有弟子三千徒。孔子文章传天下，人人读书拜孔夫……时政歌：山歌越唱心越宽，美丽乡村个个欢。碧水蓝天人人爱，青山吐翠百鸟狂。

（四）价值

汉族土拐山歌在永乐镇广为流行，除此外，融水镇、和睦镇及融安县、柳城县、河池市罗城仫佬族自治县等汉族地区亦有流传。永乐土拐山歌节是本区域汉族人们喜闻乐见的传统民间习俗，群众自发性强，受众群广。它起到愉悦身心、寓教于乐，促进民众团结和睦的作用，同时为人们追求美好的生活注入动力；土拐山歌唱词内容广泛，用土拐方言演唱，通俗易懂，富于灵活性、普及性。既有唱本，更有临场发挥，随问随答，生动活泼。土拐山歌曲调清新动听，是汉族传统音乐中有待开发的良好素材，具有传承及研究价值。

（五）传承和保护

汉族土拐山歌是劳动人民集体智慧的结晶，它植根于民间，生生不息，代代相传。由民间老艺人带徒授艺，既教唱腔又传授编词技巧，主要方式为群体性传承。其代表性传承人有唐光文，男，汉族，70岁，永乐镇四莫村人；

土拐山歌会歌手在比赛中（融水文联提供）

吴五妹，女，汉族，56岁，永乐镇下覃村人（自治区四星级歌王）；吴六妹，女，汉族，54岁，永乐镇下覃村人（自治区四星级歌王）；黎柳生，汉族，65岁，融水镇人（自治区四星级歌王）；沈家梅，女，汉族，62岁，永乐镇人（2017年被评为自治区级非物质文化遗产项目汉族传统音乐土拐山歌代表性传承人）。

土拐山歌的传承困难一是由于现代多元文化的冲击，当下年轻人对土拐山歌这一传统文化认识尚存不足。二是区域内大批青年外出打工，由于长年在外，对传统技艺的学习存在无暇顾及的状况。因此，在歌会中直接参与的年轻人亟待扩大。融水苗族自治县在民族文化建设中，对汉族土拐山歌文化予以高度重视，已把它纳入县级非物质文化遗产代表性项目保护计划，采取了一系列措施加以保护和传承。一是建立项目人才、活动内容的文字、图片录像电子档案。二是争取财政和社会捐助，设立人才保护基金，开展非遗项目传承人评选活动，对有影响、有突出贡献的民间艺人授予荣誉称号并给予适当奖励和补贴。三是发挥民间协会作用，定期举办传习班，在传授技艺的同时增强人们对本民族文化的认同感。四是重视项目区域人文环境保护，以项目活动为展示平台，促进项目的传习。五是召开自治县土拐山歌学术研讨会，制作项目活动DVD光碟，不断扩大其宣传面及传播面。目前，永乐、融水、和睦三镇均成立了土拐山歌协会，共有会员1000多人。自治县定期在县城举行"苗岭歌台——广西歌王山歌擂台赛"活动，为培养新人及山歌文化传承提供了良好的平台。

2008年，融水县被广西山歌学会授予"广西山歌之乡"称号。2016年，"土拐山歌节"被列入自治区级非物质文化遗产代表性项目名录。

二十三、鸭变节

（一）历史渊源

"鸭变"是融水苗族民间传说中的一种神灵，苗族普遍认为是自己的保护神和吉祥物。

相传在远古的时候，苗山一带人烟稀少，野兽十分猖獗，人们在山里劳作经常受到猛兽的袭击，弄得人心惶惶；地里的庄稼经常受到野兽的糟蹋，致使颗粒无收。山民们的

鸭变闹春（龙涛 摄）

生活毫无保障，日子过得十分凄惨。于是，人们想尽各种办法去驱赶野兽，保护庄稼。有一年，苗山先民试着用干草捆扎成人的模样，再将破旧的衣服披在干草人身上，将其插在靠近山边、经常受到野兽侵扰的田头地角上，借以吓唬野兽，达到保护庄稼的目的。刚开始时，确实也起到一定的震慑作用，可是久而久之，震慑作用也渐渐地荡然无存了，庄稼照样受到糟蹋，而且更加严重。

一天，有一山民到自家的山边田块去看护庄稼，受到干草人的启发，他突发奇想：我何不试试，扮个活的干草人去吓唬野兽？于是，他便将山上的野藤缠绕在自己身上，剥下树皮一块，在上面挖了两个眼孔，做成面具戴于头上，躲藏于隐蔽处静静守候。当傍晚时分，果然听到附近有野猪的嚎叫声，不一会儿，野猪突然窜到田边要吃稻谷。这时，他壮着胆大声呼喊着猛然跳出，还不停地挥舞着手中的木棒朝野猪猛扑过去，野猪被这突然出现的怪物所惊吓，惊慌失措地逃之夭夭，往后就再也不敢来糟蹋这块田的庄稼了。这年秋天，他这块山边田的庄稼获得了丰收。这事在乡间一传十，十传百，每当秋熟时节，人们便纷纷效仿这一办法到山边的田地里去守护自己的庄稼。此后，山上的农作物遭遇野兽的糟蹋逐渐减少了，猛兽也不敢到村寨里来侵扰了，苗山里逐年五谷丰收，人畜兴旺。后来，人们便称这活的干草人为"鸭变"，将鸭变视为自己的保护神和吉祥物。每当逢年过节时，村里的男青年便装扮鸭变与村民同乐，一齐欢度节日，给村民带来平安吉祥，给老人带来延年益寿，给小孩带来健康成长，给姑娘带来美丽漂亮。由此逐渐形成习俗，沿袭至今。

（二）节日过程

怀宝镇下坎村每年的农历正月初三举办"鸭变"节，扮演"鸭变"的均为男青年，其身份不得暴露，扮演者一般取奇数，如7、9、11、13等，不能取偶数，否则认为不灵验。他们身穿破衣烂裤，披着芒藤，戴着硬纸板做的怪面具，手脚涂抹黑锅灰，藏匿于村边山上隐蔽处。当芦笙队向村民拜年结束，返回芦笙坪时，鸭变就从山上呼喊着下来，到芦笙坪同芦笙队一起表演，时而加入到芦笙队中跟做吹芦笙动作，时而又参与姑娘队学踩堂，时而又分散到人群

沾福气（龙涛 摄）

中。然后走村串巷，向老人祝福拜寿；与小孩嬉戏，祝福快长快大；同男青年拥抱欢乐；追逐姑娘讨手示爱；整个村寨喝彩声、嬉笑声响成一片。两小时后，"鸭变"按指定路线上山集中到僻静处卸装，鸭变表演即结束。

此外，白天还举行各类球赛和游园活动，晚上有文艺演出、苗歌演唱等，观众达数千人。

（三）重要价值

鸭变节的活动带有原始状态的生殖崇拜观念，保留着繁衍后代、希望种族兴旺发达的传统文化观念和功能。

下坎鸭变这一习俗，还具有驱邪祈福、惩恶扬善的寓意。

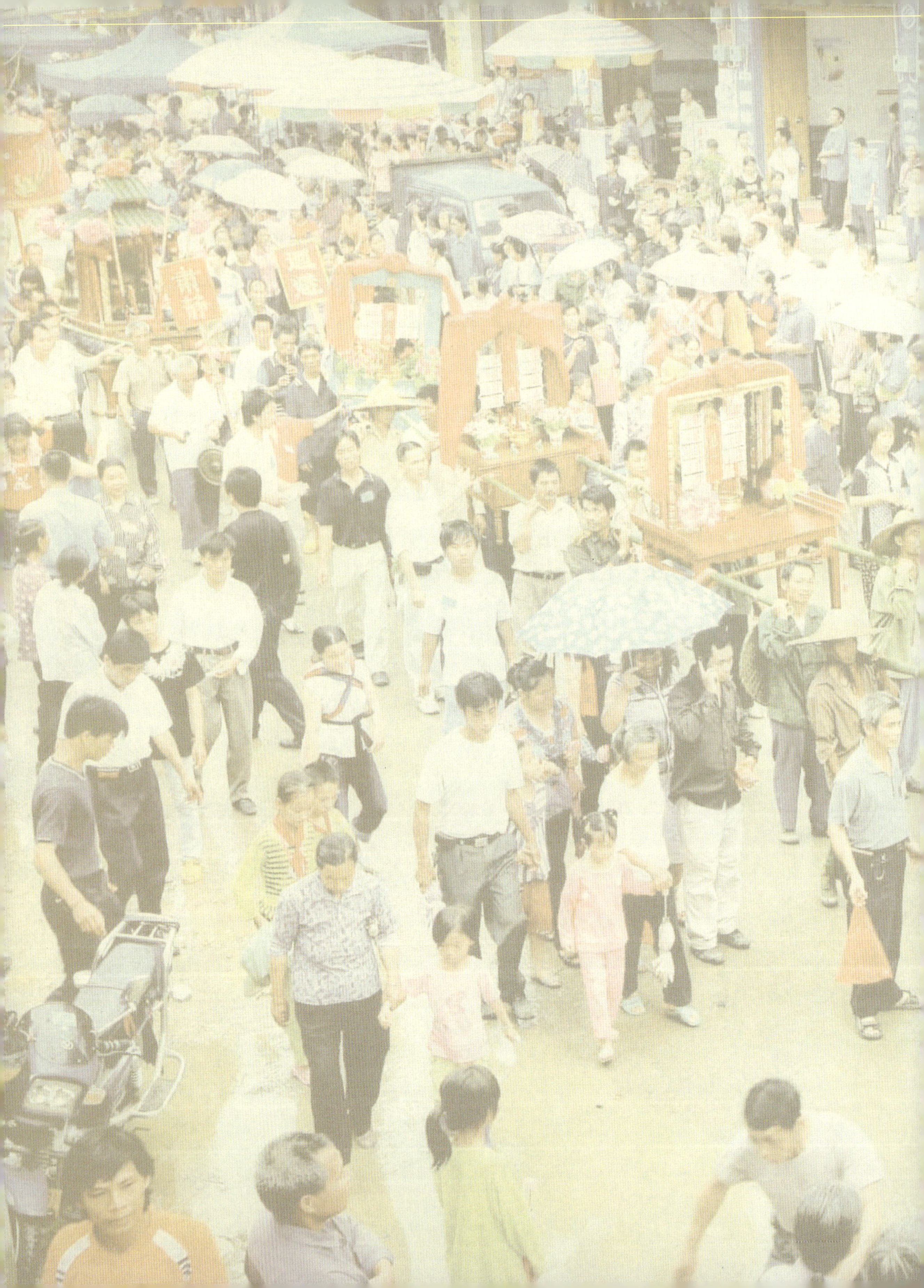

第三章 "庙会"

庙会,是融水民间宗教及岁时风俗,于春节,农历二、三、五月及秋后等期间举行。其形成与发展和纪念神灵、先贤及宗教活动有关,以小型建筑碑记为主,各村镇按规定的日期举行,有祭神、娱乐和购物等活动。

第一节 庙会综述

　　融水各族先民自秦汉时代相继进入融水地区后，和谐相处，共同进步发展，在文化心理素质和风俗习惯上，传承着华夏祖先的遗风，融水庙会民俗文化就是其中之一。庙会一般以寺庙为纲（寺庙大都以小型建筑碑记为主，较大建筑有融水镇老子山寿星岩、香山庙及和睦镇南屏庙），以村寨、街道为平台，在特定日期举行。内容上可分为三种类型：一是纪念神灵。土地能生五谷，是人类的"衣食父母"，因而人们形成了祭祀土地公（亦称福德庙、伯公庙）的习俗。人们出于宗教信仰，寻求精神慰藉，把观音菩萨视为救苦救难、佛法无边的神灵而举行的观音庙会。二是纪念先贤。如和睦镇、融水镇为纪念汉朝马援将军功德的南屏庙会赐给民众瘟疫良药、救死扶伤的古顶仙公庙会，为村民消除火灾、保一方平安的良寨乡彩路庙会。融水镇水东等村为纪念海上保护女神的妈祖庙会。三是乡村民俗聚会。如永乐镇各村寨系列无庙有会的庙会，赶会村民千人之众，虽然不知敬的什么神仙，但是走亲访友、唱土拐山歌、经济活动交流成为庙会主旋律，整村欢声笑语、其乐融融。总之，融水庙会体现了以劝人从善，以勤为本，以孝为先的民族传统文化内涵。

（一）庙会的社会功能

　　一是精神慰藉功能。人们在各种祭祀活动中，通过祷告祈福、烧香还愿，进行人神交流，从而在神灵面前获得精神上的慰藉和补偿。二是娱乐功能。庙会既酬神亦娱人，娱乐方式主要有唱戏、舞龙舞狮、唱山歌等。在中国漫长的传统社会中，庙会之所以能够以一种特殊的社会文化和经济现象长期存在，成为民间社会生活的一项重要内容，主要就是由于庙会能满足人们生活中物质、精神等多方面需求。三是商贸功能。商业贸易活动是庙会中的内容之一，随着商品经济的发展，庙会的功能也随之变化，除了烧香祷告、祭拜神灵之外，商品交易活动日渐突出，庙会所在地都成了商品流通的场所，是城乡定期集市的补充。四是社交功能。每逢庙会，赶会的人接踵摩肩，十分热闹，无形中增加了人们与他人交流的机会，而且庙会的举办除了吸引本地人之外，还有大量的

外地人来参与，这又扩大了人们交往的范围。有利于信息传递、密切人际关系、民族团结。

（二）庙会的传承和保护

融水庙会文化源远流长，世代传承。"文革"期间，大部分庙碑被捣毁，庙会活动亦偃旗息鼓。随着改革开放，庙会文化作为中华文明的一部分得到拨正清源，自治县人民政府秉持扬弃、无害、发展、创新理念，正确引导扶持庙会文化活动的开展。1980年后，庙会逐一得到恢复，以民众自筹资金为主，重建了各种微型寺庙，老子山寿星寺等少数较大寺庙也进行了维修扩建，活动内容上不断掺入新的适于时代的形式和涵义，既保留了传统民族文化特色又注入了新时代的活力，对于继承和弘扬民族优秀传统文化、增强民族自信心和凝聚力有着重要而深远的意义。

第二节 主要庙会

一、土地庙会

《左传》记载，共工氏有子曰勾龙，能平水土故祀以为社神，于春仲祭之。

融水镇土地庙在各村寨均有祭祀，庙宇规模大小不一，有的仅有一块石碑标志，随处可见。

土地庙会兴办主要在融水镇的红色村和小东村的金鸡屯，各村寨有土地庙的并行祭祀。一般只在每月农历初一十五上香，只有红色村和金鸡屯较为隆重。红色村的土地庙，俗称"二圣社"。

土地神，俗称土地公，管理一方水土，保佑地方风调雨顺，五谷丰登，六畜兴旺。传说，二月初二是福德公的生日，所以在这一天人民祭拜土地神，祈求神灵保佑。节日当天，红色村和小龙村、金鸡屯群众，家家"做庙"，杀鸡宰鸭，款待亲朋好友，外嫁姑娘归家，都在这天回家"吃庙"，赶庙会。旧时"吃庙"以老人为主，改革开放后，"吃庙"主体逐渐变成年轻人，他们谈情说爱，相亲约会，成全许多良缘。

二、妈祖庙会

妈祖庙会流传分布在融水镇水东村的上寺、新屋、长塘、林郑、施巷等屯，主要姓氏有黄姓、林姓、郑姓、许姓、陈姓，这些姓氏大概在清朝康嘉年间从福建迁徙至玉融，并将三月二十三节日带来，流传至今。

相传农历三月二十三是娜奶姑婆生日。娜奶姑婆即是妈祖，妈祖是福建湄洲人，是海上人家的保护神，是世界上最多人口信仰供奉的神，尤其是福建人最为崇拜妈祖。

旧时，在融水镇下街建有福建会馆，原县港务站处建有天妃庙，祭祀供奉妈祖。水东村黄姓、林姓、郑姓、许姓、陈姓及红色村陈姓，均从福建迁来，后仍祭拜妈祖，相沿成俗，每年都在农历三月二十三欢度庙节。新中国成立到改革开放这段时间，都不举行庙会。改革开放后，随着人民生活水平提高，陆续恢复了三月二十三庙会。庙会期间，家家户户杀鸡宰鸭，煎炒炸煮，调制佳肴，亲朋好友，叔伯姑嫂，欢聚一堂，谈天说地，猜码打拳，沟通感情，交流经验，教育后辈，尊老爱幼，修身齐家，席间气氛融洽，大家兴高采烈，既联络了亲朋感情，又促进社会和谐和各行各业的发展。

近年来，随着水东新区的发展，水东村三月二十三庙节更加隆重。

妈祖庙（苏国兴　摄）

三、南屏庙会

南屏庙即是伏波庙,是纪念汉朝马援将军的。

南屏庙分布在融水镇济安街、水东村、下龙片、鸡村、中麻、铁坑以及和睦镇和睦街。

据传,在汉武帝年间,马援和路博德率军下岭南剿抚诸蛮有功,封"伏波将军",故南坪庙又称"伏波宫",尊称马援为"伏波公",传为水上人家保护神。在农历四月二十四这天,人们为纪念伏波将军马援而举办庙会。南坪庙会已有悠久的历史。

南屏庙 (杨贵宣 摄)

融水镇范围内已知有中麻伏波庙,稽村伏波庙,城南济安街南坪庙,水东下龙伏波宫,铁坑伏波庙。每年农历四月二十四都举办庙会,以和睦街南坪庙会最为隆重,节前有十几个庙头负责筹措资金,组织活动开展,有抢花炮、唱山歌、"吃庙"等活动。平时民间习惯称这天为"二十四炮"。融水镇各南坪庙会基本上是亲朋好友聚餐,其他活动很少。

融水镇济安街南坪庙会抢花炮活动,在新中国成立后已停止,但仍存在唱山歌活动。改革开放,恢复"吃庙"习惯,以卖饭票方式聚餐,在庙内外聚会"吃庙",宴会少则十几桌,多则几十桌,近三四年来,渐变为家家做庙。

"吃庙"这天,善男信女都来伏波庙上香、许愿、祭拜,祈求平安吉祥,心想事成。

抬故事（龙涛 摄）

四、观音庙会

观音庙会流传在融水镇由来已久，大概与佛教在融水传播有关，融水许多寺庙、庵堂均供有观音大士塑像。

融水镇部分居民，包括城区和农村居民，都有在家敬奉观音大士像的习惯，在观音大士的有关庙节更是热情参与，是信男信女的重要庙节。

观音庙会一般以农历二月十九、六月十九、九月十九为节日，在每月初一、十五，信士都或在寺庙、庵堂，或在家中观音大士像前（有居民在家中设有神龛敬奉），焚香礼拜，祈求幸福安乐，平安无事，吉祥如意。观音大士在民间是救苦救难的化身，是送子娘娘，许多寺庙、庵堂在观音大士节日都大摆宴席，大批善男信女前往焚香祝愿、参加宴会。寿星寺、南坪庙，佛佛元寺、尚友寺、海汇庵等寺庙都大开筵席。前几年东良南庙在九月十九庙节，大摆筵席达150桌之多，可见场面之热烈，庙会之宏大，香火之隆盛。

传说农历二月十九是观音菩萨的生日，农历六月十九是观音菩萨的得道日，农历九月十九是观音菩萨的升天日，这三日是观音菩萨的庙会。此日，老子山寿星寺、鲤鱼岩尚友寺、香山庙、云际佛元寺、东良南庙都办宴会，前去就餐的信士只交30元钱左右，买得饭票一张就可组织十人一桌就餐，能吃上一顿丰盛精致的"十大碗"菜肴，有锅烧、扣肉等地方名菜（非荤类食材加工而成），还有素粽出售。饭后善男信女必买一些素粽回家与家人共享，或代为朋友买些送去，取意平安众（粽），祈求平安无事，老少平安，事业兴隆。

观音菩萨三个庙节，以九月十九庙节场面最为宏大热闹，寺庙张灯结彩，香烟缭绕，人声鼎沸，众人交头接耳，谈天说地，交流信息，嘘寒问暖，庙会活动有敬观音、唱山歌等内容。

五、古顶仙公庙会

农历十一月初一，是融水古顶村康田仙公庙节，俗称仙公宗。

传说有一对老夫妇，即大仙公、大仙婆，自罗城方向来到康田，为财主打工。派他们插秧插田，不一会儿就插好了；叫他们放牛，他们把牛放在岭巅上，自己却在大石板上休息，岭巅无水无草，而牛羊又肥又壮；安排他们养鸭，大仙公也像养牛一样，在岭巅上养，虽然无水草，也不喂食，鸭子又肥又大。财主既奇怪又害怕，想结工钱让他走，他却不要工钱，给他马，马咬他不跟他走，给他水牛牯，水牛用角顶他。财主说，既然牛马不跟你，给你一只羊吧，羊在栏内咩咩直叫，大仙公笑了，说羊喜欢他，对他笑，就要一只羊吧，就和大仙婆赶羊上路，可羊走得快，一下子就不见了，大仙公大仙婆找啊找啊，最后在新贤的羊彪岭找见了羊，现在在羊彪岭不远有个村寨就叫寻阳（羊）屯，听说村寨名由此而来。

当时正值瘟疫流行，大仙公大仙婆用药救活了上罗、岭岗、下罗、新贤等周边村屯许多病人，人们很感激，都要大仙公大仙婆留下来，但大仙公看见康田景色宜人，风水宝地，就在康田定居下来，人们答应为他盖屋，上罗、下罗、岭岗、寻阳等村寨的人们听说大仙公要在康田住下，纷纷献工献料，不多久就做成了一间三进深两边有走廊，中间有天井的大屋。

后来，人们都到大仙公大仙婆的住屋上香、供奉，邻村近寨有人患牛狼疮到大仙公庙里烧香,抓点香灰,敷上就好,不知何时,庙里失火烧了屋,只剩残墙断壁。20世纪60年代,被拆去砖瓦,后又有人挖去基础砖石,大的扛不动,留在原址。改革开放后,人们盖了大仙宫庙,叫先亭庙。

为了纪念这对救死扶伤的大仙公大仙婆,康田、上罗、下罗、寻阳、兴隆、岭岗、新寨的群众,就以农历六月十八和十一月初四做庙会纪念。在仙公过庙会的当日,家家户户杀鸡杀鸭,宰羊棒狗,包粽供奉,招呼亲朋故旧,大姨姑娘"吃庙",席间谈笑风生,你敬我饮,情深意长,气氛融洽,如坐春风。

六、永乐庙会

永乐乡的庙会,是除春节之外最隆重的节日,永乐乡过庙会节的有如下村屯:

农历八月十三,四莫村龚权屯。

农历八月十五,荣山村,四莫村的西寨屯,北高村的北高屯、毛潭村。

农历八月十八,下覃村的白马屯。

农历九月初一,兴隆村的株杆屯、新村屯。

农历九月初二,东阳村,四莫村的朝山屯、西大岩屯。

农历九月初三,下覃村的胡芦屯、英田屯、思隆屯、白岩屯及兴隆村大座屯。

农历九月初九,下覃村下覃屯。

农历九月十五,四莫村小莫屯、兴隆村古盆屯。

农历十月初十,洛西村、北高村印村屯。

这些村屯的群众在过庙会的当天,家家户户杀鸡宰鸭,买鱼买肉,准备丰盛的晚餐,款待到家的亲朋好友,欢度节日。吃饭后,人们自发组队,对唱山歌(主要是唱土拐歌),唱白口浪,唱古传,唱江引或寨引,听唱山歌的人挤满厅堂,列坐天井,大家全神贯注,不时拍手助兴,哈哈大笑。时到半夜,主家宵夜招待,吃完再唱,有的更是唱到次日天亮,方尽兴归去。年轻男女青年歌场相见相识聊天，谈情说爱，沉浸在相识相知的愉悦之中，散场之时，边走边唱，眉目传情，依依不舍。

七、和睦独楼庙会

农历五月二十一，是和睦镇读楼村群众的盛大节日——庙节，庙节就是人们祈求风调雨顺，五谷丰登，六畜兴旺，人丁旺盛的愿望。修建有庙亭。庙节当天，全村人抬着猪，挑着鸡、鸭、饭、酒，到庙里去宰杀煮熟，然后敬拜庙王，全村人一起就餐，还进行土拐歌演唱对唱，直到太阳偏西才回家，当晚还在村里对歌演戏，附近村屯的亲朋好友都前往，同饮联欢，很是热闹。

准备庙饭（龙涛 摄）

舞狮祭庙（龙涛 摄）

开光（龙涛 摄）

排队等候开光（龙涛 摄）

吃庙（龙涛 摄）

八、三防壮族庙会

农历六月初二是三防镇洞马、烟洞两村壮族同胞的庙会，具有悠久的历史。

洞马、烟洞屯各有一个社王，庙会就是敬社王。庙会前，各家各户捐款捐粮，买来大猪，酿好水酒，蒸好糯饭，一同扛到社王处，把猪宰杀煮熟，拿猪等三牲祭品摆在社王前，由村中老者燃香根、烧冥纸、念供词、发彩话，祭拜供奉社王，然后全村男女老少在社王处摆地桌共同进餐，剩下的肉分给各家带

回，晚餐再设席宴请亲朋。

九、汪洞廖合、新合庙会

农历二月初一的庙会，分布流传在汪洞乡的廖合村，农历二月初三庙会，分布流传在汪洞乡的新合村，都各建有庙宇，已有几百年的历史。

传说，明末清初年代，当地发生了一场天绝人类的灾难，一时间大地一片汪洋，恰逢传说中的"果人仙"经过此地，看到惨不忍睹的场面，找不到活物，于是，在山间捡得一块像人的石头，把它分成120片洒下人间，变成120个姓氏的人类祖先。后来人们为了感谢这位仙人，于二月初一立庙纪念至今。每到这一天，人们抬猪到庙里，全村老少都参加。先祭庙，由师公念彩话，祈求风调雨顺，粮食丰收。后杀猪煮熟，砍下猪头，连同酒饭等祭品，摆在庙王前进行祭祀供奉。师公再次发彩祭庙。祭毕，全村人共进午餐，吃不完的肉分带回家。

十、双河庙会

双河庙花炮节是融水苗族自治县"三月三"歌节两个重要举办地之一，也是白云乡一带重要的节日。

（一）历史渊源

很久以前，在元宝山北麓，一条清澈的河水流经大湾、瑶口、白云口、田里，下大浪塘，再从大浪河口汇入烟波飘渺的融江，这条河叫白云

双河庙（阳辉 摄）

中国民间文艺之乡

抬花炮头（吴新田 摄）

河。在田里屯下游一个沟口，也是白云乡、大浪镇两地的交界处，有一片平地，那里参天的古榕、古樟和枫树盘根错节，树底有一座古庙，这就是双河庙。

双河庙这地方，自古就是通往怀远府（今三江县）的一个码头。当时，水流湍急，小孩、妇女都不敢过，须由男人搀扶着过河。因此，经常要等到有男人来了才一起过。为了给等待过河的人有一个遮阳挡雨的地方，当地人在此搭建了一个简易的木棚。有一次，一个姑娘要从这里过河回家，在这里等了很久不见有人过河，而天时将晚，姑娘内心很是着急。这时，有位劳动回家的后生见状，丢下柴草，护送姑娘过河回家。这对青年男女因此而相识，后情投意合，结成人间好合，成了夫妻。从此，人们把这个地方叫作双合。

传说大约三百年前，怀远府富禄乡有一座古庙，庙里供有三尊菩萨，分别为大王、二王和三王。有一年，都柳江河水暴涨，淹没了古庙，大王和三王的牌位被大水冲走。大王的牌位漂到今怀远府的板江乡，而三王的牌位漂到大浪河口后又被推了上来，到双合的古榕树下停下。田里屯的韦家兄弟看见后，认出是富禄古庙的菩萨牌位，不敢贸然行事，便去问卦。得知"三王菩萨"要来这块风水宝地安家。于是，他们便给"三王菩萨"建了一座庙，将三王牌位供奉于庙中，三王庙由此而生。

以后，群众为了方便，渐渐把三王庙改称为双合庙。又经过无数年代后，外面的人和后来的人不知就里，双合庙经常被错写为双河庙，久而久之，人们

习惯了，双合庙就变成了双河庙，一直沿袭到今。

却说这双河庙建成以后，很是"灵验"。据说，有一男子，不知什么原因，老婆竟然出走了，两三个月杳无音信。他很是焦急，于是拿些供品到庙里祭拜，祈求老婆心回意转，快点回来。几天以后，他老婆竟然真的回来了！还有很多说法，就是有人到庙里祭拜，许下心愿，过后，人人都能如愿。从此以后，许多善男信女，在每月的初一、十五总到庙里祭祀，间或也煮些稀饭给过路的人食用，施舍善心，以祈求幸福、平安。

田里村一带，大多是壮族村民，山歌是壮族人民与生俱来的传统文化，心口相传，生生不息。人们在过河或祭庙的时候，有时候人多，或青年男女之间发现心仪的人，大家也忍不住在树荫下对歌，用歌声交流感情，久而久之，双合庙竟也成了白云、大浪一带村民唱山歌的好去处。

三月三是壮族地区的传统节日，因为双河庙这地方地势平缓，交通便利，树木成荫，比较适合开展活动。所以人们经常在此举办山歌对唱和抢花炮活动，长此以往，便形成了会期——双河庙花炮节。

（二）活动过程

每年三月三前，东道主白云乡田里村的组织者便提前发出通知，邀请有意参加活动的村屯，并准备好花炮、各种奖品和各种用具，等待节日的到来。

当天，前来参加花炮节的人络绎不绝，有唱山歌

山歌演唱（吴新田 摄）

中国民间文艺之乡

的、有吹芦笙的、有来抢花炮的、有来做买卖的，人山人海，挤满了场地。东道主田里村的人，早饭过后，也抬起花炮，扛起芦笙，拉起队伍，浩浩荡荡地来到这里，主持节日工作。

扳手腕比赛（阳辉 摄）

活动开始了，闪亮登场的是山歌对唱，歌手们唱起那诙谐的、脍炙人口的山歌，笑坏了听众，树荫下不时爆发阵阵的笑声，他们歌唱亲情、歌唱爱情、歌颂社会、歌唱生活。人们从那美妙的歌声里感受了生活的美满，感受了社会的和谐和人生的幸福；那些善男信女，也一早抬来大猪，宰杀祭庙，生火造饭，接待前来参加活动的客人，还义

拔河比赛（阳辉 摄）

务煮几锅庙粥，免费送给过往观众享用。据说，凡是当天得喝庙粥的人，来年身体健康，人丁兴旺。斗鸟的人们，早就选好场地，在一边的林荫下开始了斗鸟，鸟丝们都凑过去，享受着斗鸟的精彩相搏。接着，芦笙进场，吹起了入场曲、同年曲和团圆曲，美丽的姑娘们在人山人海中翩翩跳起踩堂舞，尽情地展示婀娜多姿的身影，让观众大饱眼福。跳完踩堂舞，姑娘们退到一边，观看芦笙比赛，用热情默默鼓励自己的芦笙队，青年们激情澎湃，鼓起腮帮，使劲地吹起动听的芦笙曲，直到最后拿奖。赛完芦笙，接下来是壮族的民族乐器——朋芘吹奏、拔河比赛、扳手腕。扳手腕大力士的精彩表现不断引来阵阵喝彩。抢花炮是双河庙花炮节的压轴戏，一切内容结束后，抢花炮开始了。首先抢的是第一炮，几个队的队员赤膊上阵，铁炮打响了，当绞着绸丝的铁环从天上掉下以后，大家蜂拥而至，忽而向东，忽而向西，时而靠近主席台，时而又移到场中，那健壮的身躯展示了队员们强健的体魄和良好的体育竞技精神。各队努力拼抢，经过几分钟，得手的队员，飞快地跑上主席台，挥舞手中的铁环，示意花炮到手，第一花炮终于有主。第二、第三花炮随后依次争夺。最后，在颁奖的高呼声中，双河庙花炮节落下帷幕。

抢花炮（龙涛 摄）

(三) 节日特点和传承价值

三月三双河庙花炮节是一个综合性的节日，内容丰富，规模大，参加的村屯多，人员多，民族成分多。有苗、瑶、侗、壮、汉等，还有外地不知民族成分的人参与。组织有序，场面和谐。因此，有很高的文化价值和传承价值。

三月三双河庙会的举办，有效地密切民族来往，促进经济文化交流，沿袭和传承民族文化，增进文化自信，推动了民族的文化发展。

十一、良寨彩路庙会

农历二月二为良寨乡良寨村采露屯的传统庙会，庙会前身是春社。听老一辈人说，原来彩路屯民众的生活非常富裕，青年们在走妹时，都由房子的二楼，直接进入另一家，可见房子是连片建设的，生活是富足的。

传说那时，彩路屯每九年就要被火烧一次，火灾给当地人们造成了毁灭性的灾难，于是请来了一位名师看风水，风水先生说，因为河水冲坏了龙脉，建议在对面河岸造一座庙，于是庙就建立了。每到农历二月二那天都要去祭祀供奉，祭祀采取抽签的办法，谁抽到签，谁负责主办，全城人户户捐钱，买猪到庙里，宰杀煮熟祭庙，邀请周边村屯的侗族歌手来比赛唱歌，家家高朋满座，对歌对到天亮。

说也奇怪，自从建了庙，屯里火灾少了，群众更信仰庙会了。

十二、雷王庙会

农历五月十八是融水镇东良、古鼎、三合、西廓等村的传统节日雷王庙会节。雷王，是民间传说天上掌管雨水的神灵。农历五月，是本地雨水最多的季节，民间有"五月崩墙雨"和"五月十八大水发"的说法，为祈求风调雨顺，人们便在五月十八这天举行祭祀活动，用猪头三牲供奉雷王。五月十八庙，也叫赶虫庙，因为五月十八时节，天气炎热，一阵雨一阵日头，禾苗生虫很多，五月十八这天，在神灵前除了用猪头三牲供奉外，还到田里拔取禾苗两三株为一束插在神灵前，祈求赶虫，以获粮食丰收。

广西融水

庙会现场（龙涛 摄）

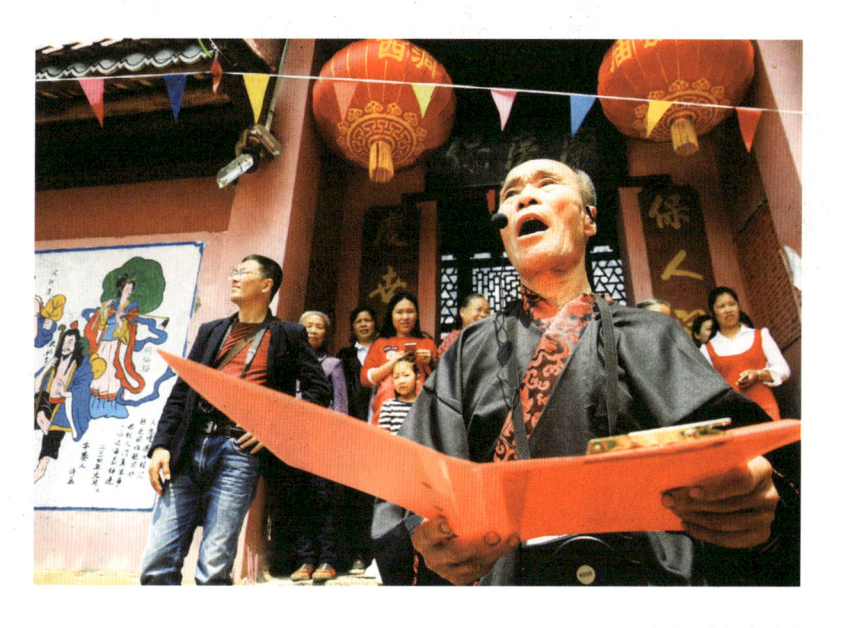

领祭（龙涛 摄）

第三章 庙会

五月十八庙会，1949年后还做，1958年左右，雷王庙被撤掉了，20世纪60年代寺庙都被拆去，就停止吃庙了。直到改革开放后才重新建造雷王庙，供奉雷王、盘古、土地和送子观音等22位尊神，并恢复了庙会祭祀活动。

为了感动雷王，祈求一年的风调雨顺，融水镇这几个村的群众选择提前在雷王生日那天（农历三月十六）举行祭拜。同时，恢复了"抬故事"传统的习俗，并提前一个月做好庙会的筹备工作。

抬故事（龙涛 摄）

走向庙会场（龙涛 摄）

祭祀队伍（龙涛 摄）

　　当天，在会首的指挥下人们把打扮伶俐的金童玉女请上木阁，举着祭旗，抬着木阁（抬故事）向雷王庙走去。到了雷王庙，人们把木阁放下，举行祭拜仪式。大家烧香点烛，集体祭拜雷王等22位尊神。祭拜完毕，由大师主持，举行集体开光活动，满足善男信女的需要。活动持续了一个上午，然后大家一起进餐，这就是"吃庙"。吃庙以后，活动宣告结束。

后 记

《中国百节民俗之乡——广西融水》一书终于印刷出版了，融水千百年来的民族文化终于被中国民间文艺家协会以中国民间文化遗产抢救工程的方式将它挖掘，并在全国范围内公开出版发行，这是融水之幸，民族之幸！当《中国艺术报》的记者伊红梅从北京来到融水，我们深深感受到：融水的百节民俗文化在全国民族文化之林中又是何等的幸运！

在县领导的高度重视下，2017年6月26日，融水文联召开《中国百节民俗之乡——广西融水》编纂工作会议，县委常委、县委宣传部部长、副县长王院忠和《中国艺术报》的记者伊红梅分别就编纂工作提出了意见和要求。会后，县文联马上拟定书稿提纲，分解任务，组织了由廖维、欧阳永顺、陆征、何伯琦、吴顺军、贾世朝、曾建兴为主的写作团队，并以饱满的热情，深入全县十多个乡（镇）、村屯收集资料和图片，撰写文稿。

通过深入基层调查了解，我们被埋藏于民间的民族文化深深地震撼：一个个的坡会一个个的节，都在诉说一个个古老的故事，都是人们心灵的寄托和信仰，唯此膜拜，我们的心也感受着一次次的洗涤。这些坡会、节庆和庙会在传承和延续着这方水土的人们的精神，它深深扎根于民间，是融水各族人民不朽的灵魂。

在书稿编纂过程中，县民宗局、文体新广局、苗学会和有关乡（镇）的领导对编撰人员采访、收集资料给予了大力支持，提供了多方帮助。本书在组稿过程中也得到融水王汉军、廖维、龙涛、郁良权、张耀华、卢志松、龙林智、韦平新、杨文确、梁海星、蒋忠宁、周明礼、欧阳桂君、马青山、覃宁等摄影家的大力支持！为本文提供了200多张珍贵的照片。书稿还参考或采用了1998年10月出版的《融水苗族自治县志》（贾星文主编）、2009年12月出版的《融水苗族》（戴民强主编）和2012年9月出版的《融水百节》等书籍，以及一些部门、个人的稿件或资料，相关作品和作者，因篇幅所限，就不再一一列出。在此，谨向所有给予书稿编纂工作支持和帮助的专家、学者、领导和社会各界人士表示衷心的感谢！

因水平有限，书中难免存在不足和错误之处，欢迎给予批评指正。